# 哲学者の「考え方」のツボがわかる 西洋哲学講義

LECTURES ON WESTERN PHILOSOPHY
THAT WILL HELP YOU UNDERSTAND THE KEY POINTS
OF PHILOSOPHERS' "WAY OF THINKING"

## 三苫民雄
MITOMA TAMIO

ベレ出版

# 序

### 私があるということ

われわれはどこから来たのか？ われわれは何者なのか？ われわれはどこへ行くのか？

　これは19世紀フランスの画家のゴーギャン（1848-1903）の晩年の大作のタイトルですが、これから哲学を学ぼうとする人にとっては、哲学とはこういう問題に答えることができるような内容を含む学問ではないかと、漠然と想像しているのではないでしょうか。かくいう私も例に漏れず、大学に入学した当初は、哲学という学問分野に何か深遠な答えを見出せるのではないかと期待していた一人でした。
　ところが、実際に哲学書を繙いてみると、このあと第1部で触れることになるヘーゲルの『精神現象学』のように、独特の用語で、かつ何が書かれているのかまったく見当のつかないものに出会ったりしたものですから、この時点で哲学に見切りをつけそうになりました。実際、私の大学の頃の友人の一人はこれで哲学書を読むのをすっかり諦めました。
　しかし、難解な哲学書を読まなくなった友人たちも、人生いかに生きるべきか、とか、世界を説明する根本的な原理とは何か、といったような問題に対して自分なりの答えを見つけようとする気持ちは十分すぎるほどありましたので、私もそういう友人たちと文学や芸術につ

いて、なんだかよくわかっていないまま熱く語り合ったことは、青春のちょっとこそばゆい思い出の一コマになっています。

そうした友人たちもまた哲学にはその種の問題に対する何らかの答えが書かれているだろうという見当はついているので、哲学についてはこれを敬して遠ざけるという形で距離を取りながら、人生上の深い問題についてはむしろ結構な割合で、文学や芸術がもたらしてくれる感動を通じて接近しようとしていました。私もジャズの魅力に取りつかれ、楽器の練習と様々なジャンルの本の乱読に明け暮れていました。こうして哲学書はしばしばあまり読まれないまま本棚を飾るだけになったりするわけですが、私のような諦めのよくない人間は、大学院に行ってまで、こうした難しい文章を我慢して読み続けていました。そうこうするうちに、この手の本の読み方のちょっとしたコツのようなものがわかってきました。これは後に述べますが、西洋古典音楽の交響曲を聴くうちに、演奏の善し悪しだけではなく、指揮者やオーケストラの個性がわかるようになるのと通じるところがあります。

## ✿ それで、私とは？

さて、冒頭に戻って「われわれはどこから来たのか……」ですが、フランス語では特に思想家たちが「われわれ」という人称代名詞を謙遜の意味で「私」の代わりに使う場合があると、当時フランス語のY先生から教わったことがあります。おそらくここでの「われわれ」も「私」と置き換えてもよさそうです。それでは、私とは一体何なのでしょう？ 近代哲学の創始者とされる17世紀フランスのデカルト（1596-1650）は「われ思うゆえにわれあり」という表現で、その私が考えることを

学問の基礎に置こうとしましたし、それは哲学としてそれなりに紆余曲折を経ながら、科学の発展へとつながっていきました。

　私とは何なのか。私があるということはどういうことなのか。そもそも「ある」ということはどういうことなのか、そして、それを私が何なのかと問いかけることは何なのか。こういった疑問は、疑問文である以上、言語というものがなければ問うことすらできない一方で、今ここに私がありさえすれば、他に何の予備知識がない学生・生徒でも発することができます。その意味では、この問題は一般に人類が言語を使い始めたと言われる7万年前あたりからずっと問われ続けてきたものではないかと思われます。

　この〈私の存在〉という疑問に答える最初のものはおそらく神話や宗教だったはずです。世界のどこに行っても創世神話があり、人は人知を超えた存在が造った存在であったり、いずれは天国や涅槃の境地に行けるものであったりする話は、人間存在に対する疑問への有力な答えの一つではありました。

　実際、西洋哲学の始まりの時代にいたソクラテスも神との交信をきっかけに世の人びとに問いを投げかけ始めたことが知られています。中世のキリスト教の影響の強い時代ではもちろんですが、理性を中心に考え始めた17世紀のデカルト、18世紀のカント、19世紀のヘーゲルも決して神から離れようとはしていません。むしろ個人的には熱烈と言っていいくらいの信仰を持つキリスト信徒でした。

　古代ギリシアで生まれた西洋哲学は、中世のキリスト教神学との緊張関係の中で発展してきましたが、学問としての特殊用語や論証の形式もまたプラトンの弟子のアリストテレスのときから確立し、洗練されてきたため、これもまた哲学の門外漢にはかなり高い壁となってい

ます。いきなり「実体」とか「カテゴリー」とか言われても途方に暮れるだけでしょう。言われている内容はおそらく高尚なことなのでしょうけれど、最初のページから何が書かれているのか皆目見当がつかないという状況が起こってしまいます。

## 考えるということ

　私が考える対象がほかならぬ「私」であり、その私を含む世界が「ある」ということについての誰もが不思議に思う疑問から始まっていたはずのものが、謎の用語と込み入った論理により、とんでもなく読みにくい哲学書として現れてくるのは、やはりかなり理不尽なことではないかと思われます。ソクラテスは街中でいろいろな人と話をしては、対話の中で考えていたようですが、著作は一冊も残していません。最初の哲学者は考える人ではあっても、書く人ではなかったのです。そして、それだけで十分哲学なのです。

　**哲学で大切なことはまずは考えること**です。ただし考えるといっても、一人で山にこもって沈思黙考するのではなく、ソクラテスがそうしていたように、**自身の考えを人びとの間で共有し、応答を重ねながらまた考えること**が求められてきました。著作はもともとそうした考えることを再現する手段の一つに過ぎませんでした。ソクラテスの弟子であるプラトンも、師匠を登場人物とした多数の対話篇を残していますが、書かれたものよりも生きた人間の存在のほうが何倍も面白いと考えていました。あの対話篇がソクラテスの思想と人となりを活写して余りある著作であることは論を俟ちませんが、プラトン本人の自己評価は必ずしも高いものではなかったようです。

## 🌱 科学としての哲学

　しかし、プラトンの弟子のアリストテレスが哲学を学問として体系化していくにつれ、著作物の地位は変化し始めます。実際、故人の思想の手がかりはその著作物しかなくなっていくわけですから、著作物はあらためて学問的分析対象としてその地位を高めていくことになります。もちろん、これはこれで学問の立場としては自然な成り行きではあるのですが、ひとたび学問化されてしまうと、先人の著作を解釈し、その概念や理論の整合性の分析に終始するだけで息切れして、自分で考えることにまで行き着かないといったことが起こってきます。そこでは何らかの知的作業が行なわれているのは確かですが、そこから〈考える〉という要素が抜け落ちてしまっているということが、哲学に限らず、学問の世界ではしばしば見られます。考える部分は自分の師匠の学説のオウム返しでなければ、学界の定説または学派の主張を墨守することに置き換えられています。

　結果的に、アリストテレス以降は学術的なスタイルの著作物が主流となって今日に至ります。こうしてこれから哲学を学んでみようかという初学者の目の前には難解な哲学書の山がそびえ立っているというわけです。

　しかし、繰り返しますが、哲学とは考えることであり、哲学書を読むのはあくまで考えるための手がかりを得る方法に過ぎません。読む場合は大家の御高説をひたすら拝聴するのではなく、著者と対話をしながら読んでいく姿勢が必要となります。哲学者もまた読者と対話をしながら考えを紡ぎ出していくのが本来のあり方のはずです。

　哲学は今日では大学という場所において、学問的というか厳密な科

学としての鎧をまとっているために、本来の「考える」というあり方が忘れられがちです。実際に大学という場所では学説や思想の研究者として哲学を教えている人がいるわけですが、そういう人が全員オリジナルな哲学者であるとは限りません。それは中学や高校の保健体育の先生が皆現役の競技者でないことと同じです。

　哲学のトップアスリートというのはソクラテスのように街中で誰彼なく相手を見つけては議論を楽しんでいるような、どちらかというとおかしな、というかちょっと危ない人だったりします。実際、その思想が若者への悪影響をもたらすという理由で死刑判決を下されたりするような人でしたので、大学に収容できればまだいい方です。

　しかし、大学で哲学を学ぼうとする人にとっては、各大学に必ずしも現役のトップアスリートのような哲学者がいるわけではないので、多くの場合、たまたまお世話になる哲学研究者の先生の教えを受けながら、哲学書の山の中に確実に存在している真の哲学者を探し当てることから始めなくてはいけません。身近なところに哲学者がいなくても、過去の書物の中には確実に存在しているからです。そして、大学の研究者ならば、本人が哲学者でないとしても、少なくとも誰が真の哲学者なのかということについては哲学の門の前に立つ皆さんよりはよく知っているはずです。

　たとえば「後期ヘーゲルにおける理性概念の変遷」（仮題）といった研究をしている先生は、少なくともヘーゲルについては皆さんに熱く語ることができるでしょうし、思想史を専門にする研究者でしたら、そこで取り上げる哲学者の思想の魅力についての血湧き肉躍る歴史物語として語ることができるはずです。

## 文芸としての哲学

　もっとも、これが芸術だったなら、芸術作品と芸術理論、芸術史、芸術評論はそれぞれはっきりと区別できますし、誰が芸術家なのかという点で迷うことはありませんが、哲学の作品は言語で書かれているうえに、先人の哲学者の業績を意識して理論展開されたりすると、理論と歴史と評論が渾然一体となったものであったりします。作品の形式もプラトンの対話篇のように登場人物の会話で書かれたものから、いわゆる学術論文形式のものもあり、エッセーもあれば、一文ずつの断章形式になったものもあります。

　哲学を独学で学ぶ場合は、こうした書物をとにかく読んでいくことしか方法がないのですが、大学で哲学を学ぶ場合でも、大学教員という少なくとも哲学が何なのかを知る先生の導きによって、こうした書物の森に入っていくことになります。さらに大学院で専門的に哲学を学ぼうとするときには、ほぼ例外なく英独仏、ギリシア語、ラテン語等の外国語の原書購読という形を取ることになると思います。そこで学ぶのは外国語の読解作業を通じて哲学者が思想を紡ぎ出す創造の現場を追体験することです。日本の大学で、哲学が伝統的に文学部に置かれているのも、授業形態としては収まりがいいところがあります。

　このような学習環境の中で、担当の先生が幸運にも正真正銘の哲学のトップアスリートであった場合についても事情は同じで、原書購読という伝統的方法は変わらないでしょう。というのも、師匠の導きにより虚心坦懐に文章に向き合うことで、書物の中の先哲と出会い、また、師匠の読み方から多くのものを学ぶことができるという点で、この方法は哲学的思考の最も有効なトレーニングとなりうるからです。

なお、師弟関係の中での学びということについては、このあとの章でもあらためて触れることになると思います。

## 本書の構成

本書は大学での哲学講義をもとに、哲学者たちの思想を解説したものです。ソクラテスに始まる哲学者たちが、今日に至るまでどういうことを考えてきたのかということを、基本的に年代順に述べていきます。ただし、ソクラテス、プラトンから現代哲学に至るまでの哲学者の思想をただ抽象的に要約するのではなく、彼らが実際にどのように考えたのかということをその代表的なテクストの一節を通して向き合います。そうすることで、彼らがどんな問題に取り組んでいたのかということを、彼らの言葉を通じて皆さんと共有することを意識しています。翻訳ではあっても原著者の文章に少しでも触れることを通じて先人のものの考え方を共有してもらえればと思い、こういうスタイルをとってみました。

# 目次

## 序 …… 3
　私があるということ …… 3
　それで、私とは？ …… 4
　考えるということ …… 6
　科学としての哲学 …… 7
　文芸としての哲学 …… 9
　本書の構成 …… 10

## I　哲学の難しさと楽しさについて …… 15
　哲学、このわけのわからない文章 …… 16
　哲学の文脈と超訳 …… 17
　おしゃべりを楽しむ人から書く人へ …… 20
　様々な意匠 …… 21
　宗教の問題 …… 22
　疑うことと信じること …… 25
　AはAであり、Aでない …… 27
　現代アートとしての哲学 …… 29
　玉石混交 …… 31

## II　哲学講義の実況中継 …… 37

### 第1講　ソクラテスとプラトン …… 38
　「善く生きる」 …… 38
　真善美の一致 …… 40
　哲学者の神 …… 42
　哲学的二元論 …… 44
　われわれはどこへ行くのか …… 45

## 第2講　ソクラテスとヴェイユ
### ──さあ、もうそんなことは考えないようにしなさい ……… 46
　黄昏のポストモダニズム ……………… 46
　ヴェイユ「そんなことは考えないようにしなさい」……………… 48
　すべてを明るみに出したうえで禁じること ……………… 51

## 第3講　アリストテレスと「実体」──存在論の始まり ……… 54
　万学の祖 ……………… 54
　「実体」を追及すること ……………… 56
　主語こそすべて ……………… 58
　神への賛美 ……………… 61

## 第4講　トマス・アクィナス──一足早いルネッサンス ……… 63
　存在の原因としての神 ……………… 63
　12世紀ルネッサンス ……………… 65

## 第5講　アウグスティヌスとデカルト──神との対話 ……… 67
　物の論理ではなく ……………… 67
　われ疑う ……………… 71
　デカルト疑う ……………… 74
　私は実体 ……………… 76
　「考える」から「ある」へ ……………… 79

## 第6講　デカルトとパスカル──科学の運命 ……… 82
　精神と身体の接点 ……………… 82
　「無益で不確実なデカルト」……………… 85
　無限の空間の永遠の沈黙 ……………… 87
　われわれの尊厳のすべては考えることの中にある ……………… 89

## 第7講　「明日も日がある」か？──ヒュームとウィトゲンシュタイン … 91
　「明日も日がある」のは確かなのか ……………… 91
　確実性の問題──語りえぬこと ……………… 94

## 第8講 ベーコンとロック——理性よりも経験 …… 97
- 知覚こそが出発点 …… 97
- 自然の精細 …… 99

## 第9講 スピノザ——考えることの楽しみと幸せ …… 103
- 神に酔える無神論者 …… 103
- エチカ——倫理学 …… 105
- ヘーゲルあるいはドゥルーズ …… 107
- 考える愉しみと満足 …… 110
- 直感知と知的愛 …… 112
- 悪をしりぞけ、死を恐れず …… 113

## 第10講 ライプニッツ——論理に置き去りにされる人間 …… 116
- モナド …… 116
- 最小単位の「個」 …… 119
- 神の刻印 …… 121
- 理論的要請としてのモナド …… 123
- スピノザとの邂逅 …… 125
- カンディード——楽観主義のアイロニー …… 127

## 第11講 ヒュームとカント——経験論の衝撃 …… 131
- 独断論からの脱出 …… 131
- 経験を結びつけるもの——「観念連合」 …… 133
- 経験に先立ってあるもの——「先験的」 …… 135
- 物の本質は認識できない——「物自体」 …… 136
- 理性は無理でも実践は可能 …… 138
- わが心のうちの道徳律 …… 139

## 第12講 ヘーゲル——世界は理性でできている …… 142
- 理性は客観的実在 …… 142
- 究極の理念 …… 144
- 弁証法論理と時間 …… 146
- 理念へと成長する概念 …… 148
- 理念から絶対理念へ …… 150

理性的なものは現実的であり、現実的なものは理性的である ……… 153
　　敬虔さにもかかわらず ……… 155

## 第13講　ニーチェ——現代思想の原型 ……… 157
　　ヘーゲル以降 ……… 157
　　神は死んだ ……… 158
　　大地と肉体 ……… 160
　　名づけの力と制度批判 ……… 162
　　ニーチェがアイドル ……… 164
　　文芸的哲学 ……… 165

## 第14講　ハイデガー——神なき存在論 ……… 168
　　現存在 ……… 168
　　述語としての「ある」……… 170
　　現代人の不安 ……… 173
　　制作されてあるもの ……… 177

## 第15講　ウィトゲンシュタインとマイケル・ポランニー——語りえぬもの … 179
　　『論理哲学論考』——ウィトゲンシュタイン ……… 179
　　語りえぬもの ……… 182
　　言語と価値の創造性へ ……… 183
　　言葉にできるより多くのこと——マイケル・ポランニー ……… 185
　　いわゆる暗黙知 ……… 187
　　階層を上昇する ……… 189
　　聖書的世界観あるいは進化思想 ……… 191
　　言語と事実の乖離とポストモダニズム ……… 193

## おわりに ……… 196

## 著者略歴 ……… 198

# I

## 哲学の難しさと楽しさについて

# I 哲学の難しさと楽しさについて

## 🍃 哲学、このわけのわからない文章

　哲学という学問は世間一般的に難しいものだという印象を持たれていると思います。

　世界のあり方や人生の意義のような何か高尚かつ深遠なことが議論されているようだけれど、それを理解するためには頭が人並み外れて良くなければいけないのではないかとか思われがちです。実際、私も若い頃にはそう思っていました。また、その裏返しとして、もしも哲学の本を読んでみてさっぱりわからなければ、自分が賢くないことの証明になりかねないので、まず本を手に取るところから心理的障壁があります。そして、実際に読んでみてさっぱりわからないということになると、いわゆるトラウマになりかねません。

　私が大学生になって初めて読んだ哲学書はヘーゲルの『精神現象学』（樫山欽四郎訳）でしたが、数十年ぶりに引っ張り出してきた本の一節は以下のようなものです。

> 意識は、個々の意識が自体的には絶対的な実在であるという、自らのつかんだ思想において自己自身に帰って行く。不幸な意識にとっては、自体存在は意識自身の彼岸である。けれども、意識の動きが自分で実現したことは、個別をその完全な展開において、或は、現実の意識である個別性を、自己自身を否定するものとして、つまり対象的な極として措定したことである。
>
> （ヘーゲル『精神現象学』樫山欽四郎訳、河出書房新社、141頁）

　私の記憶では、当時、これは到底読めたものではないと早々に投げ

出したと思っていましたが、実は記憶を改ざんしていました。久々に本書を取り出してみると、確かに読み通してはいませんでしたが、本の半分までは傍線まで引きながら読んでいた形跡があり、あらためて当時の自分の我慢強さに驚かされました。それはそうと、実際、最初に読む哲学書にしてこのていたらくでしたが、その後も懲りずに哲学書の類を読み続け、この手の文章に慣れてくると、実はそれなりにわかるようになっていきました。そうこうするうちに、気がついたらこの手の書物もヘーゲルも含めて哲学者によってはワクワクさせられる文章として楽しんで読めるようになっていました。

## ❖ 哲学の文脈と超訳

　もちろん、このような文章は個々の表現にとらわれすぎると深みにはまり、何を言っているのかさえわからなくなりますし、だからといって著者独自の概念や表現を無視しても当然ながらさっぱり見当がつかなくなります。ただ、哲学者の多くはプラトンからアリストテレス以来の哲学的思考のルールを前提にしていますので、その知識を補いながら著者の苦心の跡を辿っていくと、著者の言いたいことはいずれわかるようになります。本書の目的の一つは哲学に共有されてきた問題意識と思考方法をあらためて確認することです。これを知ることで、判読不能に見える哲学の文章でも、その筋道を追うことが容易になります。

　加えて本書では、重要な箇所を引用する際に、必要な場合はその著者の言いたいことを抽出して「超訳」という形で付記することにします。このヘーゲルの引用はたまたま抜き出した論理的思考の途中に当

## I 哲学の難しさと楽しさについて

たるところなのですが、訳語を取捨選択して書き直してみると、エッセンスとしてはこのような感じになります。

> **意識はそれだけで完璧に成り立っている。しかし、ものごとがわかっていない人にとっては、完璧な存在というものは、自分からかけ離れたところにあるように思えるかもしれない。しかし本当は完璧な意識が個別な対象に向かい合うときには、あくまで自分の意識の中でこちらを否定してくる対立物としてとらえている。**

これだけでもかなり意訳していますが、これをさらに整理して、

**◆ 超訳**
**人間が考えていることは完璧な存在そのものであり、自分以外の個性のある人やものはすべて心の中では自分を否定するものとして現れてくる。**

とします。

そして、この「否定」を総合する次の段落に進んでもらうと、ヘーゲルの言わんとする文脈から外れることなく読み進めることができます。「意識が完璧」なんてないだろうと思いながら読んでも一向に差し支えありませんが、ヘーゲルはこれが概念や理念というものに成長し、対立物を取り込みながらレベルアップしていくという論理を展開し、「絶対理念」とか「国家理念」に到達するという話になっていくのですから、話半分で聞いていても驚かずにはいられません。

とはいえ、多くの人はこの話のとんでもなさに驚かされる前に脱落してしまいます。大学生の場合は必要があれば哲学の概説書や思想辞

典のようないわゆる参考書でヘーゲルの思想の結論だけを読んで済ませてしまうかもしれませんが、普通はそんな必要もあまりありません。もっとも、最近は大学でもヘーゲルについてレポートを書かせるようなこともあまりないようです。各大学の先生方が対策に頭を悩ませているように、ChatGPTが見事にまとめられた凡庸で退屈なレポートを瞬時に書いてくれる時代になりましたから。

　というわけで、ヘーゲルの面白さは読書に耽溺する趣味人タイプには見出されやすい性質のものかもしれません。実際私も、最初にヘーゲルを読み通せなかったこともあり、長い間ヘーゲルは敬して遠ざけて、他のものを読んでいたのですが、大学院の頃に稀代の読書家で芸術愛好家の土屋恵一郎先生が「ヘーゲルはいつ読んでも面白い」と仰っていたのをお聞きして、なるほどそう遠ざけるものでもないのかと思い直したのがきっかけです。土屋先生は面白い書物や芸術に対する嗅覚が並外れた方でしたので、おそらくは芸術を鑑賞する要領で古今東西の哲学書も楽しまれていたのだと思います。

　それで、ヘーゲルの『哲学入門』『小論理学』『大論理学』と読み進めてみて初めて腑に落ちるところがありました。人が楽しんで読んでいるものなら、それだけのものはあるのだろうと思って読んでみたら、実際そのとおりでした。土屋先生には感謝です。あとから思えば、最初に読んだ『精神現象学』がおそらくは独特の用語が最初から大量に出てくるという意味で一番読みにくい本だったようです。

　いずれにしても、ソクラテスやプラトンに始まる伝統的な西洋哲学の難解さは、おそらくこのヘーゲルにおいて一つの頂点に達するのではないかと思われますが、少なくともヘーゲルまでの難解さはその後の20世紀のフランスのポストモダンの哲学者のそれとは大きく異

なっています。後者については現代芸術の難解さと通じる別の問題があるため、まずは伝統的な哲学の難解さについて述べてみます。

## ❖ おしゃべりを楽しむ人から書く人へ

　しばしば西洋の最初の偉大な哲学者として名前が挙げられる古代ギリシアのソクラテス（BC469/470-399）は、著作物を残しませんでした。ソクラテスの思想は弟子のプラトン（BC428/7-347/8）の、ソクラテスを主人公にした諸著作から窺い知ることができます。そのプラトンの諸著作はいわゆる「対話篇」で、ソクラテスを主人公とした演劇台本のようなスタイルとなっています。

　この対話篇という形式には、ソクラテスの思想をプラトンが再現した側面と、プラトンが師のソクラテスを通じて自身の思想を展開したという側面がありますが、いずれにしても真理や正義、美しさの存在と人間の善い生き方についての後の哲学の扱うべき基本的問題が考察されています。最初の哲学者は考えて話すことは好きですが本を書かない人で、2番目の哲学者は脚本家兼演出家のようなタイプでした。ついでに言えば、3番目のアリストテレスは実際に演劇に没頭しすぎてプラトンに怒られるような人でした。

　なお、哲学のスタイルが論文形式になったのは、この若い頃演劇青年だったアリストテレス（BC384-322）からです。実際のところ、アリストテレスもまたプラトンにならって対話篇を書いていたのですが、残念なことにそのすべてが失われてしまったそうです。その一方で彼は哲学を中心にした諸学問について、分析と総合に基づく科学的・体系的方法を確立しました。

この「万学の祖」と呼ばれるアリストテレスは、膨大な体系的著作を残していて、そこでは客観性と説得性を保つための独特の形式と手法が採られています。それまでのソクラテスの対話での当意即妙なやりとりやプラトンの演劇的センスは必要とされないどころか余計なものとして扱われかねません。他方で、ソクラテスやプラトンのような特殊なセンスを持たない人でも型にはまった論述をすることはできるので、ある意味では学問は多くの人に開かれたものとなります。

　こうしてひとたび学問的論文スタイルが確立すると、その分野に独特の用語が生まれてきます。たとえば、アリストテレスの「実体」という概念を「本質を含む存在」として後世の哲学者たちは共通の了解のもとに用いるようになりますが、こういう学問的用語をなんとなく曖昧なままに読んでしまうと、わからないことが雪だるま式に増えてしまいます。ということは、特殊概念や用語の理解をおろそかにせず、どのような問題が受け継がれていったかということを見ていけば、先哲の諸著作は無機質な概念の羅列ではなくなります。どのような問題が代々考えられてきたかということがわかれば、それぞれの哲学者たちが、様々な意匠を凝らしながら問題に接近している姿も見えてきます。

## 様々な意匠

　その一方で、哲学が本に書かれるものとなってくると、当時で言うと、詩や演劇のような文芸、あるいはそれと付かず離れずにいる音楽のような芸術に近づいていきます。そこにはそれぞれに独特な語彙や表現法があり洗練が加わるほど、その形式にある程度慣れ親しんでい

ることが要求されるようになります。

　たとえば、クラシック音楽の交響曲などは、それを聴き慣れないうちは、そもそもどのような楽器が何の音を出しているかもわからず、メロディーも独奏以外は音が重なっていますし、私の場合、子どもの頃はひたすら退屈していました。しかし、それが西洋古典音楽と交響曲の形式に次第に馴染んでくると、指揮者や交響楽団の違いも自ずとわかるようになってきます。フルトヴェングラー指揮のマーラー5番は最高だとか、弦楽器はウィーン・フィルだけど、金管はフィラデルフィア交響楽団だよね、などと得意気に語る学生はきっと今もそれなりにいることでしょう。

　先ほど挙げたヘーゲルあたりまでの西洋哲学の難しさもこれと似たところがあります。無理に通ぶってみる必要はありませんが、独特の哲学的意匠には慣れることができますし、次第にその違いもわかるようになります。**西洋哲学の表現上の難しさの多くは、用いられる概念や語彙の問題に原因があるため、その概念や用語について順を追って丁寧に学んでいけば、文章が論理的に書かれている限り、その意味するところはつかめる**はずです。実際に大学の哲学概論のような講義ではそういう内容が講じられるのが普通です。

## 宗教の問題

　ただ、ここで本来なら書かれているとおりに理解できるにもかかわらず、多くの人の理解を妨げるもう一つの問題があります。それは哲学者たちが前提としている宗教的世界観の問題です。すなわち、**世界にはあらゆるものの原因となって、世界を支配している超越的かつ絶**

**対的な存在がある**ということです。中世のキリスト教哲学においては神の存在は当然のことですが、キリスト教以前の古代ギリシアのソクラテス、プラトン、アリストテレスの3者ともに、この絶対者の存在については皆揺るぎなき信仰がありました。この点に関する事情はデカルト（1596-1650）以降の近代哲学者においても同じで、むしろ近代哲学は聖書の記述の注釈のように見えるところがあります。

　旧約聖書「出エジプト記」（3.14）において、モーゼが神にその名前を尋ねたところ、「わたしはある」という神だ（文語訳の『舊新約聖書』では「我は有りて在る者なり」）と答えています。神は存在そのものであるというところから始まっていますが、ユダヤ・キリスト教的世界観ではこの「I am」という神が存在の基本であり、今でも共通認識となっています。

　この表現を当然意識して書かれたのがデカルトの有名な「われ思う、ゆえにわれあり」です。17世紀のデカルトは「ある」ということの根拠付けを「私は考える、だから私はある」という有名な表現で、存在の根拠を「私は考える」＝理性に基づいて、神の概念を用いずに説明する近代合理主義哲学を打ち立てることになります。もっとも、デカルトの章でも述べますが、この有名な命題の直前の考察で、この考える「私」を創造したのは神であることが前提にされています。

　いずれにしても、**「私はある」という神**の存在はユダヤ・キリスト教文化圏においては共通認識で議論の前提になっていますが、ここをわかったような顔をして通り過ぎてしまうと、その後の近代哲学の流れもつかめなくなりかねません。その後のカントもヘーゲルも熱烈なクリスチャンだったということを抜きにしては語れないのですが、東洋の東端の島国に住む異文化の民にはこれが大きな躓きの石になって

## I　哲学の難しさと楽しさについて

きました。

　というわけで、ヘーゲルに至るまでの哲学の難しさはおよそこの２点に原因があると思われます。ただし、この難しさを克服することはそれなりに教養としての西洋近代哲学を理解するには役立ちますし、これをうまく乗り越えると、難解と言われるヘーゲル哲学もマーラーの交響曲のように楽しめるというか、感動することさえできるようになります。

　もちろん、これはこれでわかるに越したことはありませんが、西洋哲学の独特の事情にすぎないので、本当は哲学本来の問題を考える際に必須の知識ではありません。このとき危険なことは、こうした学問的知識を他人に対してひけらかしてみたり、マウントを取ろうとしたりするようになると、哲学の本来の目的を見失ってしまうということです。哲学の意匠はあくまで意匠にしか過ぎません。

　音楽に例えると、これは一部のジャンルに通じているだけのことで、ジャンルにこだわりすぎるあまり、クラシック音楽以外は音楽ではないとか言い出すと、音楽本来の素晴らしさを見失ってしまいます。これは逆もまた真で、クラシック音楽を毛嫌いし食わず嫌いになるのももったいない話です。マーラーに退屈しても他にも楽しめる音楽があればまったく問題ありませんし、その一方で、聴き慣れてくるとわかるということもまた当然あります。いずれにしても音楽を楽しむ場合にはジャンルにこだわりすぎないことが大切です。

　哲学の場合もある程度音楽に似たところがありますが、哲学はまずは「考える」ことであり、その目的は、ソクラテスが言うように「善く生きる」ことです。この世において真善美を追求するために、**よく考え、よく学び、そして善く生きる**ことが本来の哲学的営みです。こ

の基本を外れないように心しながら、先人の哲学を楽しんでいただけたら幸いです。

## 疑うことと信じること

「哲学の難しさについて」には、もう少し補足しておきます。

西洋哲学の難しさは学問的な論文形式の問題と唯一絶対神の問題に原因があると述べましたが、この二つの問題は人びとが信仰から離れるにつれて、新たな様相を呈してきます。

人びとが神の観念を背後に押しやり、人間の理性だけで哲学を語ろうとし始めてからも、神は長らく理性の後ろ盾となって哲学者を支えてきましたし、デカルトもカントもヘーゲルも、実際その著作からも明らかに熱烈と言えるほどのキリスト信徒です。ところが、その熱烈な信仰にもかかわらず、彼らが哲学的に思考することによって神から離れていってしまうということが生じてきます。

一般にデカルトに始まるとされる近代哲学ですが、それ以前の哲学からその後のヘーゲルに至るまで、哲学は他の学問と同様に、世界の法則を発見し、神を賛美するという意図のもとに進められてきました。すでに中世において、人間の本性を人間的自然として、その自然法則を発見しようとするトマス・アクィナスの示した姿勢は、17世紀のベーコンやデカルトにおいても継承され、人間の本性を理性、すなわち、人間の中にある合理性を追求しようとしてきました。

合理性そのものは一見したところそれだけで成り立つように思われます。あるものが存在する場合に、そのあるものAについて「AはAである」という論理を立てること、一度そう断じられてしまえば、そ

の正しさは疑いをえない盤石なものに見えます。ただ、これをデカルトがそうしたように、ひとたび疑い始めると、すべてが疑わしいものになってしまいます。

　デカルトの場合は、あらゆるものが確実に存在するのかということを考え抜いた末に、そもそもそんな厄介なことを「考える私」は打ち消しえないという結論に至ります。この「考える私」という理性が、その後の哲学、そして科学の正しさの根拠となります。第1講でも述べるように、デカルト本人は考える「私」を成り立たせている根拠は神であると、著書『方法序説』の中の有名な「私は考える、だから私はある」という表現が出てくる数段落前に明言しています。しかし、その後の哲学そして科学は、デカルトの立論の根拠ではなく結論である「理性」を新たな出発点として議論を組み立てるという方向に進んでいきます。

　このときから、それまで**神を根拠にしていた理性は、ただ理性それだけで正しいものとして追求されていくのですが、それだけを抜き取ってみると、やはり正しさの根拠は見出せない**ことがわかります。実際、理性というものはその出発点で方向を間違うと、理路整然と自らを展開しながらとんでもない結論を導き出しますし、目的を見誤っても、その誤った目的に向かって、これまた理路整然と自らを展開します。しかし、近代科学は哲学の結論を出発点として、実際にその後は神様なしでややこしいことを考えずに実験観察を重ねつつ、発展を遂げてきました。

　その一方、本家の哲学の方ではデカルトの方向で理性を追求してみると、実は様々な不具合が出てくることわかってきます。理性だけで哲学を構成するのは無理があるため、理性ではなく経験の上に哲学を

組み立てようとしたり（イギリス経験論）、アリストテレス以来の形而上学の流れで再度神様を召喚したり（大陸合理論）するのですが、このとき理性の中に神に取って代わる正しさを組み込んで世界をすべて説明する壮大な哲学体系を作り上げたのがヘーゲルでした。

## ✣ AはAであり、Aでない

　ヘーゲル本人が熱烈なキリスト信徒であったことは先にも述べましたが、彼の哲学もまたきわめてキリスト教的な特徴を持っています。ヘーゲルは理性を単なる形式論理的な思考とは考えず、理性の中に神の存在を組み込んで、神の栄光を讃えるべき人間存在のあり方についていわば壮大な物語を仕立て上げました。

　ヘーゲルが理性に独特の意味を持たせることができたのは、彼の用いた論理が独特のものだったからです。いわゆる弁証法論理というのがそれです。「AはAである」という論理は、AはいつまでもAであるわけはなく、時の流れの中でAのままではいられなくなるうえに、Aではないものや Aと対立するものとの関わりの中で、何か新たなものへと発展するという論理です。

　これはそれまでの形式論理の前提となっている「AはAである」とは根本的に異なる論理になっています。弁証法では「AはAである」という論理はいったん成立しても、論理に時間という要素を組み入れることで「AはAでないものになりうる」ことを示しているからです。形式論理に時間という歴史の要素を組み込むことでA自らがAでないものとなるだけでなく、Aとは異質の存在との関わりの中で、自身が異次元の存在に上昇するという物語が出来上がります。

## I　哲学の難しさと楽しさについて

　弁証法はそれまでの論理からすると、いわば何でもありにすら見えます。というのは「Aでないもの」は世界に無数にあり、そのどれを選ぶのかということは論者次第だからです。ヘーゲル自身はこの論理を駆使して世界と存在のすべてを語り尽くすような壮大な物語を描くことになります。

　ところがここで問題が生じます。この弁証法論理の全体はヘーゲル自身のキリスト教的世界観と軌を一にするものですが、本人の熱烈な信仰にもかかわらず、弁証法論理それ自体には「AはAである」というそれまでの形式論理の背景にある神様を冒瀆しかねない要素が含まれています。冒瀆ということではなくても、この弁証法論理は、結果として神の存在がなくても人間の理性だけで世界は成立し、発展していく体系となっています。

　もともと、弁証法はソクラテスが実践していた、対話を通じて真理を発見するといういわば「産婆術」に由来します。これを活写したのがプラトンの対話篇ですが、この意味で、弁証法論理はもともと哲学にとっては馴染深い論理でしたし、ヘーゲルはそこに新たな生命を吹き込んだと言ってもいいでしょう。ヘーゲル自身の書いた文章は難解ですが、同時に比類なき面白さを獲得しています。いったんこれに気がつくとやみつきになるほどです。

　ただ、ヘーゲルが本人の意図に反して、その哲学的論理が神から離れてしまったことは、のちの人びとへの置き土産として大いなる「不安」を残してしまいます。ヘーゲル本人には揺るぎなき信仰があったからいいのですが、唯一絶対神への信仰もなく、ヘーゲルの絶対理念とかいった概念に全幅の信頼を寄せるわけにもいかない後世の人びとにとっては、この**神から見放された人びとの「不安」**の解消が次の課

題となります。

　というわけで、こうしたヘーゲルの後を受けて、ニーチェ、キルケゴール、マルクスはそれぞれ三者三様にこの問題に答えようとしていますが、そのあたりは後ほど述べることにします。

## 現代アートとしての哲学

　哲学がヘーゲル以降、難解ながら独特の面白さを獲得したというのは、哲学がいわば芸術作品のような読まれ方をするようになってきたからです。ヘーゲルまでは真理は神から発し、世界の隅々を照らす光のような存在だということが、確信というより、前提となっていましたし、当のヘーゲル本人もこのこと自体にはまったく疑いを持っていませんでした。ところが、デカルト以来強調され始めた理性の力が、ヘーゲルの哲学において神とほぼ同格に位置づけられてしまったため、哲学は神なしで構成され理性的構築物に過ぎないものとなってしまいました。ヘーゲルは自身の信仰には何の疑いも持っていませんでしたが、彼が作り上げた哲学は神なしでも成り立ちうる体系でした。

　科学がこの理性的世界観を受け入れ発展してきた一方で、哲学については、ヘーゲルより後の世代の哲学者たちは皆、この神なき世界に直面して、そこから出発しなければならなくなりました。**この世界では哲学者に限らず、誰もが漠然とした不安にさいなまれるようになっていきます。**

　これは一言でいえば、神に見放された人間の不安です。われわれはそもそも何者なのか。どこから今ここに至り、これからどこへ行くのか。この問題はそれまで哲学者自身においても、神が答えてくれてい

ましたが、近代合理主義哲学はこれに答えてくれません。われわれが洞窟に住んでいた頃から抱えていたような根本的な存在と生の問題について、西洋文化自身が神から離れ始めたことで、むしろ、人びとはこの問題への答えを希求するようになってきたにもかかわらず、近代哲学の方はこれに十分答えられないという悩みを抱えることになってしまいました。

　というわけで、ヘーゲルより後の世代の哲学者たちの置かれた心理的に不安定な状況は、ここに来てようやく今日のわれわれと同じものになります。

　ヘーゲルより後の世代の哲学者たちは、素直に神を賛美するために学問に取り組むというヨーロッパ中世の学者のような心持ちではいられなくなっています。哲学の学問的な枠組みで伝統的な「実体」や「存在」を問う前に、何より自分の存在がわからなくなっているのです。哲学に取り組む動機の中にいわゆる「自分探し」が入ってきます。何かを表現することを通じて自己を実現しようとする動機が生まれてくるのです。

　その一方、学問的に哲学を学ぼうとするとき、哲学はすでに大学での専門学問分野となっていますので、先人の膨大な研究業績を踏まえた学術論文形式での発表が必須とされます。哲学においては考えることとその考えを他人と共有することが重要なのですが、必ずしも学術論文スタイルで発表する必要はありません。やはり、哲学のハードルは高くなってしまいます。

　近代に入ると、哲学に限ったことではありませんが、思想を著書として出版する道も出てきますので、一般読者に向けての随想や、歴史書や経済書あるいは社会学、心理学のような新興の分野の著作におい

ても哲学が語られる可能性が広がります。哲学者で印税生活を送った最初の人はイギリスのデイヴィッド・ヒュームですが、彼は当時のベストセラー『英国史』の印税だけで暮らしていけたと言われています。哲学の方はそれほど売れませんでしたが。また、ニーチェの『ツァラトゥストラ』は文学的な思想書ですが、哲学をこの形式で書くことに成功しています。

　要するに、哲学の表現手段は出版業の隆盛とともに様々な形を取れるようになるのですが、そこに参入する**哲学者・思想家たちは、何らかの表現活動を通じて自己実現をしようとする同時代の芸術家の精神に近づいていきます**。そして、その表現手法も理路整然とした論文を模範とするのではなく、魂や情念、あるいは存在の深淵を垣間見せてくれるような「深い」思想を暗示する曖昧で思わせぶりなものも登場します。芸術なら修辞的手法や象徴的手法は普通のことですが、哲学もまた文学に近づいていきます。

## 玉石混交

　信仰に裏打ちされた安定した自己認識からひたすら存在や実体の問題を追求する古典的な哲学者像はもはや過去のものとなり、現代に入ると、哲学者および思想家たちは、この神なき時代にまずは不安定な自己の居場所を確認することから始めるようになります。哲学へのアプローチも様々で、過去の先哲の理論を精密に解釈しながら議論を展開する学術論文だけでなく、文学的修辞を駆使して自分でもわからない思想の深さを暗示しようとするスタイルもあります。自分でもこれまたよくわかっていない先端科学的用語をちりばめてマウントを取ろ

## I　哲学の難しさと楽しさについて

うとするハッタリ屋も1980年代のフランスのポストモダン界隈にはたくさんいて、その空気は後にアメリカのエール大学あたりにも伝播していたようです。

　あまりよろしくない例はいいとしても、実は現代の哲学者たちはわれわれと同時代の問題を共有する中で、様々な表現形式を用いて面白い試みをし始めたとも言うことができます。必ずしも学術論文や理論書だけでなく、様々な著作物の中で面白い哲学者に出くわすこともあるのです。一般に難解と言われる現代音楽や現代芸術の中にも心を動かされるものがあるように、何を言っているのかよくわからないながらも感動を覚える哲学というものがあったりするかと思えば（個人的には偽物が多いと思ってはいますが）、哲学の研究論文ではなくて、平易なエッセーの中にきわめて深い洞察が示される場合もあります。また、大学の伝統的な文献購読演習で行なわれてきたように、先哲の文章の一字一句に様々な解釈の可能性を考えながら読み込んでいくと、難解な文体の現代哲学に限らず、結局のところプラトン以来の伝統的哲学の持つ文芸としての魅力があらためて実感される場合もしばしばあります。

　大学で哲学文献の原書購読という伝統的な哲学の学び方は、法律解釈学や聖書解釈学にも似て、かなり独特な知的作業なのですが、哲学においては、やはりこれをやっておくと、哲学者の言葉の用い方に厳密になり、作者の気がつかなかったことまで気がつくような読み方ができるようになります。一般にあまり面白いとは言えず、教科書的なとおり一遍の理解しかされてこなかった思想家の作品にも意外に面白い一面を発見できたり、その反対に大家と言われる人のいかにも気の抜けた描写が、本当に気の抜けたものだったりすることに気づかされ

たりもします。

　最近ゆえあってハーバート・スペンサーの『第一原理』の宗教論の部分を原書で読んで感心させられたところですし、ジャン・ジャック・ルソーの『社会契約論』で展開されている人民主権の議論の内容というよりもその語り口と理論展開（と誤魔化し方）の巧みさにもやはり驚かされました。要するにこの両者ともかなりの言葉と論理の使い手だということにあらためて気づかされたわけです。

　もちろん一般読者の皆さんは哲学思想書だからといってそれほどまでに気合を入れなくても、ただもう翻訳を普通の読み物を読むときと変わらない読み方で、普通に読んでいくので十分ですし、重要な思想家は別に原書購読ゼミのようなことをしなくても十分見つかります。それはむしろ、現代芸術のお気に入りの作家を探すのとよく似ていて、とりわけ近現代のお気に入りの哲学者というのは必ず見つかることと思います。

　芸術の世界といってもジャンルも芸術家のタイプも多岐多様にわたりますが、音楽を例に取ると、西洋の伝統的古典音楽から、現代音楽、ジャズからロック、ポピュラー音楽また、世界の民族音楽のような様々なジャンルの中で、作曲家、演奏家、シンガー＆ソングライターが、それぞれに感動を与えてくれます。これらそれぞれはジャンルも演奏形態も違っていながら、音楽的感動に違いはありません。声を発するだけで感動させてくれる民謡の無伴奏の独唱もあれば、オーケストラをバックに歌うオペラ歌手の歌もあり、複雑で、時に退屈な音使いでも最終楽章に至るまでに徐々に盛り上がり、感動のあまり涙してしまうような交響曲もあったりします。楽譜の指示に忠実に演奏し、作曲家の思想を再現しながらもそれ以上の感動を与えてくれるクラシック

の演奏家もいれば、自分のメッセージを音と歌詞に乗せてギター一本で歌うノーベル文学賞受賞者もいるわけですから。

　この後の章にもときどき登場することがありますが、私のお気に入りの現代哲学者で若いときから様々な恩恵を受けてきたのは、O.S.ウォーコップ、シモーヌ・ヴェイユ、アラン、マックス・ピカート、ニコライ・ベルジャーエフ、オルテガあたりです。日本の哲学者では坂田徳男と英文学者の深瀬基寛、それに評論家の福田恆存の著作を繰り返して読みました。

　むしろ、こうした哲学者や思想家の面白くてたまらない諸作品があるからこそ、哲学への興味が続いてきたとも言うことができます。皆さんにとってもそれぞれに運命的な書物との巡り合いがあれば、この哲学全体の話もおそらくはいわゆる芋づる式に理解が進んでいくことでしょう。

　ただし、今日ではむしろ読むべき本が多すぎるうえに、論者の立場もアプローチも様々なので、何から読んでいけばいいのか迷ってしまうのも確かです。私の師匠の中村雄二郎瀬先生は17、18、19世紀から哲学者を一人ずつ選んで、その著作を何度も繰り返して読むことを勧めてくれました。今日の様々な思想家の言説に惑わされたときはそこに戻ってくるといいとおっしゃっていました。また、もう一人の哲学の師匠の立石龍彦先生からは、結局のところプラトンとアリストテレスに帰ってくることになるので、心して読むようにとの助言をいただいたことがあります。

　私は不肖の弟子でしたので、必ずしも常に師匠の教えに忠実だったわけではありませんが、それでも、本書に登場するような、いわゆる哲学史の代表選手たちの著作についてはできる限り繰り返して読ん

きました。そして実際、そういう読書体験から得られるものには想像以上のものがありました。いわゆる古典は読むたびに何らかの新しい気づきが得られるだけでなく、自分が現在取り組んでいる個別の理論的テーマについても多大な示唆を与えてくれます。

　本書は哲学者の思想の解説や要約ではなく、哲学者の書いた書物の一節を取り上げて解釈し、検討するというスタイルをとっています。解釈の合間に私が学生時代から現在まで、哲学書をどのように読んできたのかという話を交えながら、読者の皆さんと哲学書を講読する時間を共有したいと思います。

　なお、本書で取り上げるのは原書ではなく、多くは比較的入手しやすい文庫や新書の邦訳から選びました。哲学書を読解する演習の実況中継と思って楽しんでもらえたら幸いです。

# II

## 哲学講義の実況中継

## II 哲学講義の実況中継

# 第1講 ソクラテスと プラトン

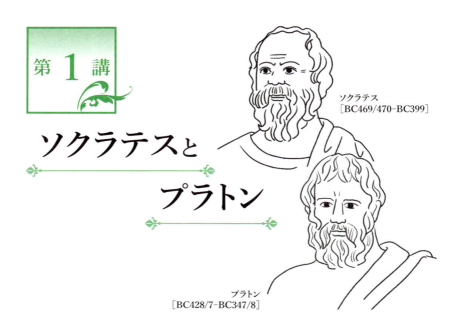

ソクラテス
[BC469/470-BC399]

プラトン
[BC428/7-BC347/8]

### 「善く生きる」

さて、ここからは個別の思想家について見て行くことにしましょう。ただし、登場人物は必ずしも時代順というわけではなく、時折テーマに関連のある現代の哲学者も登場して、時間を行き来することもありますので、あらかじめその旨、おことわりしておきます。

哲学史の最初に決まって取り上げられるのが古代ギリシアの哲学者ソクラテス（BC469/470-399）ですが、実際、ソクラテス本人が書いたものは何も残されていません。ソクラテスの思想はもっぱら弟子のプラトン（BC428/7-347/8）の著作を通して、その対話篇の登場人物の言動という形で知られています。

ソクラテスは当時のアテネで民衆裁判により下された不当な死刑判決を受け容れて、自ら死を選びます。そのときの裁判での弁明と、友人クリトンによる脱獄のすすめをあっさりと断る経緯は、実際に裁判を傍聴していたとされるプラトンの著『ソクラテスの弁明・クリトン』(久保勉訳、岩波文庫)に明らかです。

　プラトンの書き方は、これまでも述べてきたように、ソクラテスを主人公として他の人物と話をさせる「対話篇」というスタイルをとっています。そこではソクラテスその人がまるで演劇の主人公のように登場し、他の人びととセリフを交わします。

　しかし、それにしても随分大胆な書き方ではあります。哲学というと一般的には何か論文のような難しい書き方を想像する向きも少なくないと思いますが、実は一番大切なのは、まず「考える」ことで、次にその考えを他の人との対話の中で一層深いところまで進めていくことです。そして、そのことを身をもって示したのが師のソクラテスでしたから、プラトンはこれを何とか再現しようとして、この劇的な対話篇という仕掛けを作ったのでしょう。プラトンもまた、そのソクラテスと似たところがあって、書かれたものよりも生身の人間の存在と言動のほうが面白いと考えていたようです。

　いずれにしても、哲学の始まりにこうしたテクストがあるというのは、大変喜ばしいことです。もっとも、後の哲学者のスタイルが皆これにならうことになったわけではありませんし、実際、アリストテレス以降の哲学は学術論文スタイルが主流となるわけですが、それでも、何をどう書いてもいいという自由さが最初に示されているのは、哲学を広く世に開かれたものにすることに一役買っています。

　さて、本書で注目したい文章は『クリトン』の中のこれです。

第1講　ソクラテスとプラトン

> 一番大切なことは単に生きることそのことではなくて、**善く生き**
> **ることである**　　（プラトン『ソクラテスの弁明・クリトン』久保勉訳、岩波文庫、74頁）

これはさすがに「超訳」する必要はありませんね。

　クリトンはソクラテスの幼馴染の友で、牢獄で死刑執行を待つばかりのソクラテスに脱獄するように説得に来たわけですが、ソクラテスにとって、法に背いて脱獄することは「善く生きる」ことではないとして、自ら進んで刑に服し、毒杯をあおってこの世を去ることになります。

## 🌿 真善美の一致

　このセリフは脱獄を勧めるクリトンを逆に説得する前提となっていて、このことを確認してから、これに続いてソクラテスは

> **また善く生きることと美しく生きることと正しく生きることとは**
> **同じだということ**　　　　　　　　　　　　　　　　（同書、同頁）

の確認を求めますが、これはなかなか大変なことがさらりと述べられています。いわゆる**真と善と美が生きることにおいては同じだ**と言い切られています。

　そして、クリトンはこれに対して同意した時点でもはやソクラテスの論理を覆すことはできなくなっていました。善く生きることが美しく生きることと正しく生きることと同義なら、不正をして生きるわけ

にはいかなくなりますから。

　ソクラテスの話は相手の同意を得ながら論理を進めて、相手が予想もしないところに連れて行ってくれるのですが、明日にでも死刑になるかというときにも幼馴染のクリトン相手に、それも結論が自分の死を意味するということであっても、自分のスタイルを貫いています。

　ソクラテスにこの論理で来られると、現実世界の十分に善くもなければ美しくもなく、正しくもない、曖昧な価値観の上にあぐらをかいているような、当時のアテナイに限らずいつの世にもいるタイプの知識人・言論人たちは、当然ながらまったく太刀打ちできません。

　結果としてソクラテスはそうした人びとの恨みを買うことになり、これが理不尽な裁判にかけられる原因を作ったのですが、実はこのもともとのきっかけは神様のお告げによるものでした。

　同じ文庫本の『ソクラテスの弁明』の中に出てきますが、ソクラテスは友人のカイレフォンがデルフォイの神殿で受けた信託に「ソクラテス以上の賢者は一人もない」とあったことがにわかに信じられず、当時の賢者と言われる人びとに直接会って確かめてみることにしたのでした。

　ところが当時の賢者と言われる人びとは、

**何も知らないのに、何かを知っていると信じており、これに反して私［ソクラテス］は、……少なくとも自ら知らぬことを知っているとは思っていないかぎりにおいて、あの男よりも智慧の上で少しばかり優っているらしく思われる。**（同書、21頁）

という結論に至ったわけです。

相手からはさぞかし憎まれたことでしょう。知ったかぶりをする人というのは知的でないのはもちろん、誠実でもありませんが、自分を知的に見せようとする情熱の炎だけは燃やし続けています。この手の人間は正攻法では勝てないと知ると、裏手から様々な陰湿な復讐を企ててきますが、この箇所を読むと、古代ギリシアの頃から不誠実な小汚いインテリというのが今日と同様に生息していたことがわかります。

## 哲学者の神

それはさておき、ここで注目しておきたいことは、哲学の開祖ソクラテスが現代人のようにいわゆる無神論的でもなければ、日本人のように、実はいたるところに神が存在するという、いわゆる汎神論的な「無宗教」でもなく、真剣に神の存在を信じていて、デルフォイの神託を検証することがこの一連の行動の動機となっていることです。

哲学者というと、どうしても近代哲学以降の、神学を意識しながらもそれに対抗する枠組みを作り、その中で思考しているような人物像が浮かんできます。特に日本の知識人はしばしば宗教の問題に鈍感なため、近代以降の哲学においても実は重要な意味のある神の問題を読み飛ばしてしまいがちです。

実際にはデカルトもカントもヘーゲルも個人的には敬虔なクリスチャンですし、ハイデガーのようにもともと神学研究から出発した哲学者もいます。西洋の知識人はそもそもキリスト教文化圏で生まれ育っているので、共通の宗教観を持っていますが、わが国の知識人の多くは神社仏閣で手を合わせたりしながら、自身を「無宗教」と公言したりしますので、このキリスト教文化圏の人びとの唯一絶対神に対

する感覚と意識はなかなか理解することができません。当然ながら、宗教と哲学そして科学がお互いに類縁関係にあると同時に緊張関係にあるという微妙な事情は、ほとんど理解の極北にあります。

　ところで、古代ギリシアの神々は後のキリスト教から見たらいわゆる「異教」の神々ではあるのですが、その中でもソクラテスとその衣鉢を継いだプラトンは、神の存在について疑っていませんでした。そして、前提を押さえたうえで、「善く生きること」と「美しく生きること」そして「正しく生きること」という三つのことがらが「同じ」であることという先の表現が出てくるわけです。

　この「同じ」だということがいわゆる「イデア」（実相）と呼ばれるもので、プラトンの『国家』の6章から7章にかけて展開されています。イデアはそれぞれ「真のイデア」「善のイデア」「美のイデア」として、目には見えないけれども、ものごとの根底あるいは神の存在するところにある真の実在という、まあ、一言で表すとどうしても無理やりな感じはしますが、なんだかとてもありがたいものなのです。

　目には見えない、五感で感知できないイデアがあるのはいいとして、目に見える私たちの周りの世界は何なのかというと、そうしたイデアが光だとすると、その影のようなものだと言います。これがいわゆる「洞窟の比喩」で、人はもともとイデアの光が微かにしか届かない洞窟のようなところに住んでいて、その洞窟の奥に映るイデアの影を現実と思って見ているという話です。

　もちろん影だからもともとの光のいくらかは類推できるので、まったく無関係というわけではありません。しかし、眩しすぎ目が潰れるなどと言われると、それでも見てみようかという変人は哲学者くらいのものだったかもしれません。

### 🌱 哲学的二元論

　いずれにせよ、こういうふうにイデア界と現実界という二つの柱を立てて世界を立体的にとらえようとするのが哲学的「二元論」と言われています。不完全で十分にとらえられない現実を、完全な存在からの光に照らして説明する二元論は、この世界を説明するときの有力な道具となるので、その後の哲学者たちにも重宝されることになります。

　二元論はイデア論のように、光と影、善と悪、あるいは宗教では神と悪魔であったりするのですが、「元」と言いながらも多くの場合、**二元論の両者は対等のものとして対比させられるのではなく、前者がしばしば後者の根源的存在であり、後者に対して本来的に優位な立場に置かれています。**この論理は圧倒的で絶対的な存在が大元になって、そこから発するものとしてすべてをとらえようとするときに、その対立軸に極端な派生対象を置くとその大元が一層際立つという仕掛けになっています。神と悪魔が対比させられるとき、悪魔は既のところまで神を追い詰め、世の中をすべて悪に染めようかというまさにその時、劇的に形勢が逆転し、最後には神が悪魔に対して圧倒的勝利を収めるという勧善懲悪の結末が待っています。そして何より、これは他を排斥して自らを成り立たせようとする人間の情念に訴える強力な思考パターンでもあるため、大変強い説得力を持ちます。

　しかし、この伝統的思考を展開させた近代の理性中心主義が批判されるようになってきたとき、たとえば第二次世界大戦後のドイツのホルクハイマーやアドルノ、その問題意識をフランスで共有していたフーコー、ドゥルーズ、デリダのようないわゆるポストモダンの思想家たちからは、むしろ、この理性中心主義は西洋の哲学的思考を支配

した悪役として目の敵にされたりもします。

## 🌿 われわれはどこへ行くのか

　さて、われわれは何者か、どこから来たのかという問題に、ソクラテスとプラトンは、神とイデアと生き方の問題として答えようとしているように見えますが、われわれはどこへ行くのかという問題については、魂の不滅という問題が立てられて、様々に考察されています。

　われわれはこの世に生を受けた以上、いつかは死を迎えます。刑の執行を待つばかりの獄中で快活に過ごしていたソクラテスはその死の問題をもはや克服しているように見えました。ソクラテスに脱獄を勧めに来たクリトンは深夜には到着していたのですが、ソクラテスは明け方までぐっすり眠り込んでいたため、クリトンはソクラテスが目覚めるのを待たざるを得なかったことが『クリトン』の冒頭に記されています。

　獄中での穏やかで快活なソクラテスの様子はプラトンの『パイドン』に活写されています。そこではソクラテスは、哲学者にとって死して肉体が滅びることは、純粋に思索できるまたとないチャンスだと考えていました。考えることの喜びが死に勝っています。魂が不滅、つまり死後の世界が存在するのならそこへ行くのを楽しみにするというのもうなずけます。実際、『パイドン』の中のソクラテスは死後の世界で先哲たちと哲学的議論ができることを心底楽しみにしているように見えます。そのあたりの議論は実際に『パイドン』をお読みいただければと思います。

## II 哲学講義の実況中継

# 第2講

# ソクラテスとヴェイユ

## さあ、もうそんなことは考えないようにしなさい

ソクラテス
［BC469/470−BC399］

シモーヌ・ヴェイユ
［1909−1943］

### ❖ 黄昏のポストモダニズム

　ところで、私事で恐縮ですが、先に述べたように、1980年代にフランス現代思想が流行っていたとき、日本語で読むとわけのわからないポストモダンの思想家たちの文章もフランス語原文で読めば少しはわかるのではないかと思っていました。また、わかりにくい翻訳をわかったような顔をして偉そうに語るのも無様で滑稽なことだと思ってもいたこともあり、フランス語を勉強して原書に挑戦したりしていました。私の場合、思想の世界への入り口はフランス現代思想でした。

　実際、当時はフーコーやドゥルーズ、デリダなどの本が徐々に翻訳されていて、そこには何か高級そうなことが書いてあるような感じが

していたのも確かでした。ところがまあ、これが何を言っているのか皆目見当がつかないような文章が多くて閉口したものです。

デリダの『グラマトロジーについて』では、「存在」の文字に上からバッテンが打ってあったりして（ハイデガーに倣ってのことだとは後になって気がつきましたが）、フーコーも思わせぶりなややこしい書き方で、読者を拒絶しているのではないかというところが少なからずありました。フランス語の文章としては読みやすいドゥルーズも、言いたいことはイメージとしてはわかるのですが、特にフェリックス・ガタリと一緒になると、意味との戯れだか何だか知りませんが、人を煙に巻くような描写があって、これまたどこまで本気なのかわからないところがあります。ひょっとしたら、本人たちも半ば冗談のつもりだったのかもしれません。今読み返しても、あまりセンスがいいとは思えませんが、フランス流エスプリの自己評価は低くなかったようです。

ところで1980年代当時、たまたま日仏哲学会の会場受付やお茶くみなどのお手伝いをしていたことがあるのですが、シンポジウムの席上で廣松渉が来日中のデリダに向かって「あなたの言っているのはハイデッガーの方法ですよね（要するにハイデガーの真似でしょ）」と言ったのを目撃しました。「え、そんな言いにくいことをこの人はサラッと言うのか」と驚かされましたが、それをデリダが素直に認めたのにもかえって感心させられました。こういうことって案外言ってみるものなのかもしれません。それ以来、デリダがいい人に見えてきました。

それはそれとして、この頃からポストモダンの難解なテクストといっても、それは無用な難解さで飾り立てているだけで、実は書いて

第2講 ソクラテスとヴェイユ

## II 哲学講義の実況中継

いる本人にも半ば意味不明の呪文のごときものではないかと思い始めていました。もちろんこうした現代思想家たちにもそれなりに考えがあって、その呪文のような文章には伝統的西洋形而上学に飲み込まれないための戦略的な意味があるのだと、好意的に解釈する日本の追随者も少なくありませんでした。この点で、廣松渉は決して流行におもねることのない思想家だったと思います。

　この当時の事情については、後にも触れますが、当時の代表的思想家の一人、ミッシェル・フーコーが、自身の文章にはあえてわからない言葉を10％くらい混ぜて書かないと、フランスでは馬鹿にされる、と友人のジョン・サールに述懐しているのを読んで、なるほどと腑に落ちるところがありました。また、ソーカル事件というのもあって、フランス現代思想がいかに虚偽とハッタリに満ちていたのかということも、幸い最近では共通理解になってきました。ここに来てようやくそういう余計なものを排して、彼らの思想内容を評価できそうな状況になってきたのかもしれません。それでは、あらためて評価してみてどうだったかといえば、私見では、そのほとんどがお世辞にも歴史に残るような内容のものではありませんでした。このことについては後述します。

### ❈ ヴェイユ「そんなことは考えないようにしなさい」

　私の場合は、ハンガリー法思想史の文献研究と並行して、このフランス現代思想にもそれなりに目配りをしてきたのですが、このように時代も思想的文脈もまったく異なるものを読むためには、自分の中に西洋思想についての一定の評価基準を作る必要がありました。

それで、大学院の博士課程に入った頃にプラトンやアリストテレスの基本的な著作をあらためて虚心坦懐に読み進め、また同時に新旧約聖書も繰り返して読むようにしました。今こうして様々な西洋の著作家の本に言及していますが、この頃から幾度となく読み返し、今も折に触れて読み返している書物が中心になっています。そして実際、こうして読んできた先哲の言葉は何かにつけて脳裏に浮かんできます。言葉が浮かぶこともあれば、ソクラテスが実践（プラトンが脚色し、あるいは創作）した対話の雰囲気が伝わってくることもあります。そして、おそらく、プラトン以降の哲学者たちもまた、他の哲学者の著作をほとんど読まずに独自にものを考えたとしか思えないウィトゲンシュタインのような哲学者を除いて、大多数はソクラテスの対話篇を一度は読みながら、何らかのことを考えてきたのではないかと想像されます。後に見るカントなども、プラトンの議論の枠組みの中からストレートに思考していることがよくわかります。

　さて、私がフランス思想だけでなく、カール・マルクス（1818-1883）やジークムント・フロイト（1856-1939）を含むいわゆる現代思想の呪縛から解き放たれるきっかけを与えてくれた一人は実は、フランスの思想家シモーヌ・ヴェイユ（1909-1943）でした。そのヴェイユは大学で哲学の専門教育を受け（高校時代にアランの生徒でもありました）、西洋の伝統的な哲学的教養を正当に受け継いでいます。そのヴェイユが後に女子高校で哲学教師をしていたときに当時の生徒たちが丹念にノートに取った講義録が慧眼(けいがん)に満ちていて驚かされます。

　その中でヴェイユがソクラテスについて述べている箇所は、私にとっては啓示となりました。彼女はフロイトの言う無意識についての講義の中で、ソクラテスの問答法に言及しつつ、次のように述べてい

ます。

> 　ところで、潜在意識的な観念と闘う真のやり方は、何ものをも抑圧しないこと、《ソクラテスがやったようにすべてをあかるみに引きだそうと努めること》であります。潜在意識的な衝動については二つの過ちが考えられます。ひとつはそうした衝動を抑圧すること、もうひとつは《自分のなぐさみのためにしまっておこうとする》ことです。
>
> 　なすべきことは、自分にこう言い聞かせることです、「おまえはいったい何を考えているの？　——人殺しよ。——さあ、もうそんなことは考えないようにしなさい。」こうすれば抑圧など起らないでしょう。
>
> 　私たちのなかにいる怪物どもをあかるみに引きだし、怪物どもと対決することを恐れてはなりません。カトリックでも、自分のなかに見いだすものを恐れるな、あらゆる種類の怪物がそこにはいるのだから、と申しております。
>
> 　そこで私たちとしては、うまく表現しえない思考にたいしても、うまく表現できる思考にたいしてと同様、責任を持たなければならないと結論することができます。
>
> （シモーヌ・ヴェイユ『哲学講義』渡辺一民・川村孝則訳、人文書院、121頁）

　これは「超訳」は無用の文章ですね。もともとこの本はヴェイユが赴任した女子校の生徒たちのノートをもとにした講義録ということもあるのでしょうけれど、翻訳を通じても教壇でのヴェイユの様子が浮かんでくるようないいリズムが再現されているように思います。

さて、フロイトもまた現代社会に多大な影響を与えた思想家の一人ですが、フロイトの無意識と抑圧のアイデアはいつのまにか独り歩きしてしまい、〈無意識（下意識）を抑圧すると暴れだして大変なことになるので、決して抑圧してはいけない〉という現代社会の通念のようなものになってしまっています。

　自分の中に無意識とやらの闇雲な衝動を抱えた、とりわけ20世紀の若者たちは、これを抑圧せずに解放するのも難しいので、専門家と称する人たちからスポーツや芸術などで別の形で昇華させたりすることが推奨されたりしたのは、実際には今日においてもそう変わりはありません。それも実際にはなかなか思うようにいかず、自分の結構単純素朴な「恋人がほしい」というような欲求を抱えつつ悶々としているという情けない状況だったりしました。

　しかし、これが昂じて犯罪に走ったりしては、さすがにシャレになりません。やはり、自分の無意識を持て余す状態というのは、とりあえずそのままでなんとかやり過ごしてほしいというのが、専門家たちの密かな願いであったりもします。「自分探し」の旅に出るというのも、他人様に迷惑さえかけなければ、文句を言われる筋合いはありませんし、そういう旅人が心中切実な問題を抱えているのも少しはわかってあげたい気はします。

### 🌿 すべてを明るみに出したうえで禁じること

　さて、ヴェイユですが、この引用の真ん中あたりにあるように、抑圧が起こらないようにすべてを明るみに出して、邪悪なものが出てきたら、それを真正面から禁止するという解決方法をとっています。ソ

## II 哲学講義の実況中継

クラテスの問答法は「すべてを明るみに出す」重要なツールで、そこでさらに出てきた邪(よこしま)な考えを「禁止」するというところが実に新鮮です。無意識だから抑圧してはいけないので、意識の表にすべて出してしまってから禁止すれば、それは実際「抑圧」ではないわけです。

　それと同時に、**「うまく表現しえない思考」に対してもわれわれは「責任」を持たなければならない**ということを教えてくれます。この引用は私にとっては現代思想の独断の泥沼から救い出してくれた記述で、幾度となく読み返しているところでもあります。

　というわけで、自分が何者なのか、また何者になれるかもわからないまま、自己承認欲求とリビドー（欲動）からなる無意識の闇を抱えるのは、若者に限った話ではないにしても、しばしば若者に特徴的な状態だと言えるでしょうし、私もまた恥ずかしながらそういう悩める若者の一人でした。

　しかし、こうした状況にいたのは日本の若者だけでなく、実はしばしば欧米の若者たちもそうであったことを、後にアメリカの福音派の神学者・哲学者フランシス・シェーファー（1912-1984）の、とりわけ初期の諸著作に触れたときに知るに至りました。シェーファーは第二次世界大戦後スイスに渡り、現代思想や現代文化の毒気に当てられた若者たちのための「ラブリ」（「避難所」L'abri）を作り、そこで、世界中の悩める若者たちの世話をしていました。

　思えば、西洋近代の理性中心主義を批判する現代思想の流れは、わが国の、いわば無宗教的な価値相対主義（で、なおかつ強い集団同調圧力が支配する）の空気の中で育ってきた世代にとっては、実はそれなりに親和性があったと言えます。しかしこれは、欧米のキリスト教文化圏の若者たちにとっては、精神の深いところで相当破壊的な影響

を及ぼしていたのではないかと、これも後々になって（ハンガリー留学中あるいは留学後に）気づかされました。

　幸い私はスイスのラブリにまでは行かずに済みましたが、当時、現代思想のヒーローはたくさんいて、彼らの著作群を読みながら次第に混乱し始めていたところを、先のヴェイユの講義録が救ってくれたわけです。ヴェイユが無意識の闇の邪悪なところをソクラテスの問答法によって明るみに出してくれたうえに、「抑圧」ではなく「禁止」してくれたのが新鮮だったのは以上のような意味でのことでした。

　哲学や思想の影響というのはテクストが残されている限りは、時代を超えて受け継がれていきますので、そのあたりも含めて話していきたいと思います。

第2講　ソクラテスとヴェイユ

## II 哲学講義の実況中継

# 第3講
# アリストテレスと「実体」
## 存在論の始まり

アリストテレス
[BC384–BC322]

### ❖ 万学の祖

　アリストテレスはプラトンの開いた学校「アカデメイア」で学んだプラトンの愛弟子の一人でした。先にも述べたように、学校時代は勉学よりも演劇に熱中してプラトンの小言を頂戴したりしたとも言われています。その後自身が著作を著すようになると、プラトンのような劇的構成を持つ対話篇も大量に書いたと言われていますが、残念なことに、それらはすべて失われてしまい、現存する諸著作はいわゆる学問的な論文形式で書かれています。そして、このスタイルを確立させたことにより後世の人びとはアリストテレスを「万学の祖」と呼ぶようになります。

アリストテレス自身がうつつを抜かしていたと言われる演劇のセンスを失われた対話篇だけでなく、こちらの学術論文にも活かしてくれたら、さぞや面白かったことでしょうが、実際にそういうわけにはいきませんでした。アリストテレスは学問の世界ではかなり律儀で生真面目なところがあり、世の中のあらゆる分野について、ことごとく整理し、体系化した膨大な学術論文を書いてくれています。そのため、その思想だけでなく、論述のスタイルも含めて、アリストテレスの著作は後世の諸学問のお手本になってきたわけです。

哲学はもちろんですが、大学の教養教育として履修する政治学や倫理学、論理学などには必ずアリストテレスへの言及があります。アリストテレスの整然とした論理と体系的な思考方法は、学問としてお手本とするかどうかにかかわらず、乗り越えるべき壁として、後学の前に立ちはだかっているため、その後の思想家たちの中にもアリストテレスが好きにせよ嫌いにせよ、気になって仕方がないという向きが少なくない気がします。

中世のトマス・アクィナスがアリストテレスに非常に強い影響を受けていたことは言うまでもありませんが、近代以降の思想家でもヘーゲルやマルクス、ハイデッガー、またついでに言えばカール・ポランニーなども、その著作からアリストテレスをしばしば強く意識していたことが窺われます。

先にも触れましたが、私が大学から大学院の頃にお世話になった哲学の立石龍彦先生は、とにかくプラトンとアリストテレスには事ある度に帰ってくるようにとおっしゃっていました。不肖な私はこのタイプの異なる哲学者2人のどちらも同じくらい好きになるわけにはいかず、プラトンは繰り返し愛読したものの、アリストテレスは渋々付き

第3講 アリストテレスと「実体」

合ってきた感じがします。長い旅行や留学に行くとき、すぐには読み通せないような『形而上学』などを持って行き、読まなければどうしようもない状況を作り出していました。

しかし、なんのかんのと言いながら最初は退屈でわかりにくかったアリストテレスの『形而上学』なども、年月をかけて繰り返して読むにつれて、また、私自身の加齢と経験も相まって、徐々に馴染むことができて、いくらかはわかるようになってきました。なお、本書でハイデガーの講を執筆している際にやはり気になって、久々にアリストテレスに舞い戻ってきました。最近ゆえあって、図書館廃棄本のアリストテレス全集を手に入れたこともあり、立石先生の教えを守るべく、修行のつもりで一から読み直そうとしているところです。

### ✤ 「実体」を追及すること

さて、ここではその『形而上学』の中からアリストテレスのいう「実体」について見ていきたいと思います。

> したがって、第一にあるもの［第一義的の存在］は――すなわち、或るなにかであると言われるものではなしに端的にある［存在する］と言われるものは、実体であるにちがいない。
>
> （アリストテレス『形而上学〈上〉』出隆訳、岩波文庫、227頁）

そう、世界に「第一にあるもの」こそが「実体」なのです。

そして、ここにある「これ」は何なのか、そもそも「ある」ということは何なのか、という問題が「実体とは何か」という形で問いかけ

られます。

> それゆえ実に、あの古くから、いまなお、また常に永遠に問い求められており、また常に難問に逢着するところの『存在(オン)とはなにか？』という問題は、帰するところ、『実体(ウーシア)とはなにか？』である。けだし、このものを、或る人々は一つであると言い、他の或る人々は一つより多くあると言い、そしてそのうちの或る者どもは限られた数だけあるとし、他の或る者どもは無限に多くあるとしたのであるから。だから我々もまた、このように存在するもの［すなわち実体］について、そのなにであるかを、最も主として、第一に、いな、言わばひたすらこれのみを、研究すべきである。

（同書〈上〉、228頁）

◆ 超訳

**哲学は「存在」という曖昧な言葉ではなく「実体」という言葉を用いるべきである。**

すなわち、何かが「ある」という問題を「存在」として個別に抜き出して考えようとすると、「存在」という言葉がもともと動詞なのでその主語となる「何が」の部分が特定できません。これは当然古代ギリシア語の話を翻訳しているので唐突な印象がありますが、これを英語の「be」という動詞を思い浮かべてみると、何を言っているのかが想像できるでしょう。つまりbe動詞が文中で用いられると、人称や数によって形を変えるのですが、「be」という形で抜き取って考えても、

主語が何か、単数か複数か、限定された話か、一般的な話なのかが特定できません。そこで、**「実体」という言い方でこれを対象として固定化し、主語として扱えるようにしましょう**ということです。

このあたりは日本語だと「ある」を「あること」と言い換えても主語によって「ある」という述語が人称変化したり、複数形の活用になったりするわけではないので、無理に問題にしなくてもいいところなのですが、この語彙や語源とその用法を手がかりにした分析的考察は、アリストテレス以来、西洋哲学では一つの典型的な分析方法として普通に見られるようになります。いずれにしても、ここでアリストテレスは「存在」という曖昧な言葉を避けて「実体」という概念を中心に哲学を論じるようにしましょうと言っているわけです。

## 主語こそすべて

「実体」という言葉はギリシア語の「ウーシア」、ラテン語では substantia で、英語やドイツ語の語源となっていますが、状況によって「基体」とか「主語」また「本質」と訳されることもある（前掲書出隆注、320頁、365頁）言葉です。翻訳者のご苦労が偲ばれますが、アリストテレスは「そのものが何であるかを示す存在」を「実体」と呼んでいます。

このとき、言葉の問題、具体的にはギリシア語の問題が一つの壁になってきます。

先の引用にもあるように、そのものの属性を示す「〜である」という表現と、端的に存在を示す「〜がある」という、いわゆる英語の be 動詞の使用法がギリシア語にもあるのですが、このうち、存在を示す

「ある」の方を第一義的な実体として考えようとします。そして、

**実体というは他のいかなる基体［主語］の述語［属性］でもなくてそれ自らが他の述語［属性］の主語［基体］であるところのそれであった。**
(同書〈上〉、231頁)

としています。

> ◆ 超訳
>
> **主語を決めたらそれがすべて。**

　実体は、主語－述語関係における主語として対象を定義し、分類し、体系化していくことになるわけです。これは主語が常に前に置かれて、述語を支配する形の文法構造と対応しているように思われますが、日本語母語話者としての私の感覚とは異なる気がします。ヨーロッパ的思考の核心でもあるのですが、何でも先方を基準にして納得する必要はないと思います。
　この点で、私の師匠の中村雄二郎先生が述語的世界の論理に注目された（『述語的世界と制度』1998年、岩波書店）のは慧眼だったと思います。アリストテレス以降の哲学の主語的な論理方法に述語的世界の立場から異議申し立てをするのは、中村先生ご自身が培ってきた哲学的方法論を疑うことでもあり、今さらながら、哲学プロパーの中では孤独な戦いを強いられたのだろうな、と不肖の弟子たる私ですら容易に想像できます。
　さて、アリストテレスによる「実体とは何か」という問題の追求は、

## II 哲学講義の実況中継

あくまで現実にあるものを対象とするものですが、イデアをまったく排除していたわけではありません。プラトンの弟子でもあったアリストテレスは、実体に対置させるイデアを実体とは別に想定するのではなくて、実体の中で理想が実現していくというか、**理想が実体そのものに、つまり、潜在的に可能だったものが実現へと近づいていく**という論法をとります。

ものごとには形相（エイドス）と質量（ヒュレー）というものがあり、それが分かちがたく結びつきながら、様々なあり方——可能態（デュミナス）と現実態（エネルゲイア）——を示しながら、次第に実体へと近づく、という議論です。

アリストテレスの言う「形相」はプラトンの「イデア」に近いものですが、形相が実体に近づくという一見奇をてらう言い方は、プラトンの考えたように、イデアが絶対の彼方の世界から現実界を照らし出す遠い存在ではなく、**現実の中にダイナミックに息づいている本質**というイメージとしてとらえることができるでしょう。

この論理はプラトンのイデア論に基づく発想であることは間違いありませんが、アリストテレスの論理展開は動態的な現実をとらえる論理として優れているように見えます。とりわけ、絶対的な価値を全面に押し出すことをためらう現代人の目には、プラトンのイデア論の発展形として、プラトンのそれよりも魅力のあるものと映ります。論理が多少込み入っているところも学術的達成感を満足させてくれそうです。こうして議論を精密に展開させるための独特の用語法ともに、アリストテレスの議論は後の哲学の語り口のお手本となります。

議論の内容としては、主述関係にある「存在＝実体」の論理から出発して、第一原理から始まる演繹的論理体系を構築するという隙のな

いスタイルで、キリスト教の神学者を経由し、その後の哲学者たちに大きな影響を与えます。

　形而上学を思考するスピノザやライプニッツがいきなり「実体」を論じるのも、言うまでもなくこの時以来の伝統を受け継いでいますし、現代においてもハイデッガーが「存在そのもの」を志向したのは、伝統的にはこのアリストテレス以来の「実体」を扱っていると言っていいでしょう。

## 神への賛美

　ところで、中世ローマで長い間忘れられていたアリストテレスですが、神を否定する思想はなかったため、その諸著作がイスラム文化圏から逆輸入する形でローマに持ち込まれても、焚書の憂き目を見ることはありませんでした。アリストテレスの神についての議論は次の引用をご覧ください。

> もしもこのような良い状態に——我々はほんのわずかの時しかいられないが——神は永遠にいるのだとすれば、それは驚嘆さるべきことである。それがさらに優れて良い状態であるなら、さらにそれだけ多く驚嘆さるべきである。ところが、神は現にそうなのである。しかもかれには生命さえも属している。というのは、かれの理性の現実態は生命であり、しかもかれこそはそうした現実態だからである。そしてかれの全くそれ自体での現実態は、最高善の生命であり永遠の生命である。だからして我々は主張する、

## II 哲学講義の実況中継

> 神は永遠にして最高善なる生者であり、したがって連続的で永遠的な生命と永劫が神に属すると、けだし、これが神なのだから。
>
> （同書〈下〉、153-154頁）

**◆ 超訳**

**永遠の生命で最高善である神様万歳。（ただし古代ギリシアの神です）**

　アリストテレスは信仰に関してはプラトンの敬虔な態度を受け継ぎ、神はイデアとして超越的で絶対的な存在であることを受け入れたうえで、それが永遠の生命として現実の中に息づいているという立場をとります。この論理は少なくとも神を否定するものではありませんので、キリスト教からはさしあたり排斥されることはありませんでしたし、後にこのアリストテレスの思想がイスラム教文化圏を経由して西欧で再発見されたとき、その影響は無視できないものとなっていきます。中世ヨーロッパでギリシア哲学が異教としてほとんど顧みられていなかった頃、イスラム文化圏ではプラトンやアリストテレスあるいはプロティノスについての綿密な文献解釈研究がイスラム教の学者たちによって進められていました。

　十字軍をきっかけにして、このイスラム世界からギリシア哲学が西欧に入ってくることになるのですが、この影響下に中世キリスト教哲学を立て直そうとしたのが次に見るトマス・アクィナスです。

# 第4講

# トマス・アクィナス

## 一足早いルネッサンス

トマス・アクィナス
［1225-1274］

### ✥ 存在の原因としての神

　アリストテレスの理論を丁寧に受け継いだのがトマス・アクィナス（1225-1274）です。『神学大全』第1部第2問の「神について、神は存在するか」を見てみると、第一原理や主語述語関係に基づく分析、可能態と現実態といったアリストテレス理論の道具を自在に使いこなしながら、神の存在の自明性や論証可能性が検討されています。

　トマスは、神の存在は人間にとって見えない、理解できないことがらであるため、直接的には論証されないと言います。彼はその前提から、神の存在を原因とする現実世界の結果を見て、結果から原因である存在を論証するという実証的方法をとろうとします（トマス・アクィナ

## II 哲学講義の実況中継

ス『神学大全Ⅰ』山田晶訳、中央公論社、86-88頁)。神の存在は自明ということなら、そこからすべて演繹的に体系が作られていくのかと思ったら、実は思いのほか近代的な発想で議論が展開されていきます。

> じっさい、或る結果がその原因よりもわれわれにとってよりあきらかな場合には、われわれは結果を通して原因の認識へとすすむのである。……結果は原因に依存するものゆえ、結果の存在が認められればその原因が先在することは必然であるからである。それゆえ、『神在り』ということはわれわれにとって自明ではないから、それはわれわれに知られている結果によって論証されるべきことがらである。
> （トマス・アクィナス『神学大全Ⅰ』87-88頁）

こうしたところには、アリストテレスの『形而上学』の次のくだりが重なって見えてきます。

> というのは、すでに各々の事物はそれぞれ或る一つのものであり、その可能的なあり方と現実的なあり方とはなんらか一つなのであるから。それゆえに各々の事物をその可能態から現実態へと動かす者があるというより以外には、他になんらの原因もない。
> （アリストテレス『形而上学〈上〉』313頁）

◆超訳

**神の存在については、すべての原因になるものとして推測するしかない。**

トマスはおそらくアリストテレスのこういうところを何度も反芻するかのように読み込み、考えを練っていたのでしょう。可能態と現実態の議論はトマスではたとえば次のようになります。

> **動かすとは、何かを可能態から現実態に引き出すことにほかならないが、何かが可能態から現実態に引き出されうるためには、何らかの現実態に在る者によらなければならない。**（前掲『神学大全Ⅰ』94頁）

　何かを動かすものがある以上、現実に存在している存在を想定せざるをえない、というアリストテレスの論理をトマスも受け継いでいるわけです。神の創造した自然を研究することで神の法則を発見し、神を賛美するという筋道が獲得されたわけです。これは安心して自然そのものの研究に専念できるということを意味しており、その後の自然研究の推進力になる思想でもありました。

## 🌿 12世紀ルネッサンス

　それにしても、アリストテレスもまさか自身の思想が後にイスラム圏で保存・研究され、1500年以上も経ってから再びヨーロッパのキリスト教神学・哲学の核心の論理として返り咲くことになろうとは思いもよらなかったことでしょう。トマスは現実存在を観察することから神の存在と法則性を実証しようとしますが、その方法はきわめて近代的です。神の創造した世界を観察し、そこに神の法則を見出すことで神を賛美しようとする姿勢は科学のそれです。「12世紀ルネッサンス」というのは15世紀のルネッサンスに先駆けて思想や芸術ではす

第4講　トマス・アクィナス

でにその萌芽が見られたという歴史家のハスキンズ（1870-1937）の提唱した概念ですが、そういう見方をすると、12世紀のアベラールが基礎を築いたスコラ学を13世紀のトマスが継承し完成させたという見方も十分成り立ちます。もっとも最近は中世とルネッサンスは断絶よりも連続性が強調されるようになってきているので、それほど驚くべきことではないかもしれません。

　いずれにせよ、時代が随分行ったり来たりしますが、著作として残っている限り、思想がこうして時代を超えて影響を与えることができるのも哲学・思想史の面白いところです。

　なお、ここでトマスに触れた以上、どうしてもキリスト教哲学の先達として800年ほどさかのぼってアウグスティヌスの著作にも触れないわけにはいきません。そしてまたアウグスティヌスの思想を語ってから今度はまた17世紀の近代合理主義哲学の創始者デカルト（1596-1650）へと舞い戻ってくることになります。

　まるで時間旅行さながらに思想史を行ったり来たりすることになりますが、基本的に先人の書物を丹念に読みながら自らの思想を紡ぎ上げる哲学の流れを尊重してのことです。アリストテレスの著作をトマスが丹念に読み解いたように、デカルトはアウグスティヌスの著作をかなり念入りに読み込み、問題の立て方を学んでいるように見えます。

# 第5講

## アウグスティヌスとデカルト
### 神との対話

アウグスティヌス
［354-430］

デカルト
［1596-1650］

### ✦ 物の論理ではなく

　アリストテレスとトマス・アクィナスでは時代が1500年以上離れていますが、書物が時空を超えて深い影響を与えているという点では聖書の影響に匹敵するものがあります。ところで、トマスに言及するならもちろんアウグスティヌス（354-430）についても触れないわけにはいきません。

　アウグスティヌスの場合はトマスとは違って、アリストテレスよりもプラトンの思想に波長が合ったようで、実際にはプラトンというよりは、後世のいわゆる新プラトン主義の創始者、プロティノス（205?-270）に代表されるプラトン派の書物に影響を受けています。

## II 哲学講義の実況中継

そのことについては後ほど触れるとして、アウグスティヌスはアリストテレスについても読んでいないわけではなく、有名な『告白』の中で、20歳になろうとする頃、難解と言われていたアリストテレスの『十個の範疇』を読み、難なく理解し、同書が「実体そのものに属する無数の事柄について、まったく明瞭に語っているようにわたしには思われた」(『告白〈上〉』服部英次郎訳、岩波文庫、123頁)と言います。しかし、同時に、この理解はむしろ「わたしを害し」、神への理解の妨げになったとも述べています。

> わたしは、存在するものはすべて、あの十個の範疇によって完全に包括されると考えて、私の神よ、驚くべき仕方で、単純で不変であるあなたをも、あなたがあなたの偉大さと美の基体であるかのように、あなたの偉大と美は物体におけるように基体としてのあなたのうちにあるかのように理解しようとした。しかしじつは、あなた自身があなたの偉大と美なのである。これに反して、物体は物体であるから、大きく美しくあるのではない。物体は大きく美しくなくとも、物体であることに変わりはないからである。すなわち、わたしがあなたについて考えたことは、虚偽であって真実ではなく、わたしのあわれなつくりごとであって、あなたの幸福をもたらす確実な認識ではなかった。 (『告白〈上〉』124頁)

### ◆ 超訳

私が物の論理で組み立てたことは神には通用しない。

アウグスティヌスのように「私が考えたことは正しくないのではないか」という疑いから出発するところは、絶対神を信じる人にとっては当然の態度と言えるかもしれませんが、要は理性を疑っています。この点で「私が考えることは考えるまでもなく正しい」という近代人のそれとは正反対であることにあらためて注意をしておく必要があります。もっとも、近代合理主義哲学を切り開いたデカルトも、実はこの結論に至るまで長い間神経をすり減らしながら考えていたのですが、これは後に見ることにします。

　さしあたりここでのアウグスティヌスは、アリストテレスがプラトンのイデアを実体の中に組み入れようとしたことを理解したうえで、それがキリスト教における神の理解の妨げになることを見抜いているように読めます。

　いずれにしてもこうしたアウグスティヌスがプロティノスに惹かれるのは理解できます。『告白』の中に出てくる「ギリシア語からラテン語に翻訳されたプラトン派のある書物」というのがプロティノスの著作ではないかと推測されていますが、そこにはヨハネによる福音書の「はじめにことばありき」と同様の内容が書かれているように読めたと言います（同書219-220頁）。

　なお、プロティノスの本は岩波文庫から『善なるものと一なるもの』（田中美知太郎訳）が出ていて、最近では中央公論新社から出ている『エネアデス（抄）』が入手しやすいと思います。

　ちなみに、アウグスティヌスの『告白』の中にはプロティノスの『エネアデス』の中からの次のような引用があります。

## II 哲学講義の実況中継

> 「すべての時に先立ち、すべての時をこえて移り変わることなくあなたとともに永遠である」
> (『告白〈上〉』221頁)

『エネアデス』第五論集第一論文というのは「3つの原理的なものについて」という題名で、先の邦訳のどちらにも同じ田中美知太郎訳が収められていますが、この引用と同じ訳文が見当たらなくて困ります。ただ、ここは「同じところに静止したままの万物を、自己自身のうちに把持しているのである。そしてただひとえにあるだけ」(プロティノス『善なるもの一なるもの』田中美知太郎訳、岩波文庫、1961年、63頁) という時間を超越した「知性神」について述べた箇所で、アウグスティヌスは神の独り子イエス・キリストのことをここに読み込んでいます。

しかし、こういう直接的な引用の前に、おそらくアウグスティヌスはプロティノスが神＝一なるもの、いわゆる「一者」の存在へと遡及していく議論に惹かれたのだろうと思われます。

> われわれの求めているものは一なるものであって、われわれが考察しているのは、万物の始めをなすところの善であり、第一者なのであるから、万物の末梢に堕して、その根源にあるものから遠ざかるようなことがあってはならない。むしろ努めて第一者の方へと自己を向上復帰させ、末梢にすぎない感覚物からは遠ざかり、いっさいの劣悪から解放されていなければならない。なぜなら、懸命な努力の目標は善にあるからである。そして自己自身のうちにある始元にまで上りつめて、多から一となるようにしなければ

ならない。ひとはそれによってやがて始元の一者を観るであろう。すなわち知性になりきって、自己の精神をこれにまかせて、その下におき、知性の見るところのものを正覚の精神が受け容れるようになし、一者をこの知性によって観るようにしなければならない。

（プロチノス『善なるもの一なるもの』田中美知太郎訳、19頁）

### ◆ 超訳

**万物の多様性から始まりにある唯一の善を目指しなさい。**

引用は訳語に「正覚（しょうがく）」などという言葉が使われていて、禅宗の阿羅耶識やイスラム神秘主義にある、意識の根底、いわゆる悟りの境地へと下りていくことを含ませようとしています。気持ちはわからなくもないのですが、少々大げさな気がします。

いずれにしても、アウグスティヌスはこの新プラトン主義との出会いの後に本格的に聖書の世界に入っていくことになるので、プロティノスの著作はおそらくキリスト教への導きの糸のような役割を果たしていたのでしょう。

## ✥ われ疑う

ところで、この項の表題を「アウグスティヌスとデカルト」としたのは、**アウグスティヌスがデカルトに先駆けて、人間存在における理性の意義を確認した**からです。後にも見ることになりますが、デカル

トが有名な「われ思うゆえにわれあり」という命題で理性を人間存在の中心に置いたことはよく知られていますが、この言い方にならってアウグスティヌスの確信を表現するなら、「われ疑う、ゆえに神あり」ということになるでしょうか。

アウグスティヌスの著作から抜粋した『省察と箴言』(ハルナック編、服部英次郎訳、岩波文庫、1937年)には、次のような印象的な文章が載っています。

> 自分が疑うということを知るものは皆、それによって『真なるもの』を知り、そして彼が知るこの対象［疑い］については全く確かである。即ち彼は『真なるもの』について確かである。それ故、『真理』は存在するかと疑うものは皆、自らの中に、彼が疑わない一つの『真なるもの』を有する。そして『真なるもの』(verum)は『真理』(veritas)なしには真でない。それ故、真理以外の総てのものを疑うことは出来るが、真理を疑うことは出来ない。
>
> (『真の宗教』73より、同書64-65頁　＊旧仮名遣い旧字体は改めました)

◆ 超訳

**人が「真理はあるのか」という疑いを持つとき、すでにその問いの中に「真理」という言葉が含まれていて、そのことは疑うことができない。**

つまり、何をどれだけ疑っても、私が疑うことができないものはどうしても残るのですが、それがアウグスティヌスにとっては真理＝神

であるということになります。

　この直前の『独語録』II-1の引用も印象的です。『独語録』はアウグスティヌスと自身の理性との対話の形式で書かれています。ここの記述も同書から引いてもいいのですが、アウグスティヌスとデカルトの共通点と相違点について教えられたジルソンの論文が、その少しあとの重要な命題も含めて触れているので、孫引きですが、この点を含む段落を引用しておきます。

> 「つねに同一であられる神よ、わたしを知らせてください、あなたを知らせてください (Deus, semper idem, noverim me, noverm te.)」と短く祈ってのち、理性はアウグスティヌスを新たな問の前に立てるか。「自分を知ることを望んでいる君は、君が存在することを知っているか。」——「わたしは知っている。」——「どこから君はそれを知っているのか。」——「わたしは知らない。」——「君は自分が動かされることを知っているか。」——「わたしは知らない。」——「君は自分が考えることを知っているか。」——「知っている。」——「それでは、君が考えるということは真実である。」——「そうです。」これに続くいくつかの問ののちに、理性は、少なくともつぎのことは確実であるという回答をはっきり示すのである。「君は、君が存在することを知っており、君が生きていることを知っており、君が知解するということを知っている」(Esse te scis, vivere te scis, intelligere te scis.)(『独語録』II-1-1)。このようにここでアウグスティヌスは、真理を、存在し、生きており、認識する実体の存在に根拠づけるのである。
>
> (ジルソン&ベーナー『アウグスティヌスとトマス・アクィナス』服部英次郎・藤本雄三訳、みすず書房、33頁)

## II 哲学講義の実況中継

> ◆ 超訳
>
> **私は疑う、だから私はある。**

　この引用の最後の「存在し、生きており、認識する実体の存在」に根拠付けられる真理はもちろん神であり、イエス・キリストであり、ついでに言えば聖霊であるということになっていくと思われます。

　こうして信仰と理性のせめぎ合いの中から自らを絞り出すように考察されたのが、**「私が（畏れ多くも神のことまでも）疑い、私が考えることそれ自体は真実である」**ということでした。387年の本ですが、神学と哲学は双子の兄弟のようなもので、たとえ2人が犬猿の仲だったとしても、理性に関しては双方に同質の脊髄が通っていることがわかります。

### 🌿 デカルト疑う

　デカルトはアウグスティヌスより1200年くらい後の時代の人になりますが、信仰の人でもあった彼がアウグスティヌスの書いたものを読んでいなかったとは思えません。デカルトは近代哲学の父と呼ばれますが、デカルト自身個人的には熱心なキリスト教徒であるだけでなく、前の時代の、そして当時の神学から多くの栄養を受け取っています。実際、アウグスティヌスがすでにあれほどのことを言っているのですから、読み方によってはデカルトとほとんど変わらない気がしてきます。少なくとも、あらゆるものごとを疑った末に残るのが真理という論理に関してはアウグスティヌスとデカルトは共通しています。

ただ、その**真理はアウグスティヌスでは「神」であるのに対して、後のデカルトは「私」の存在**だというところが異なっているだけとも言えます。いずれにしても近代哲学を打ち立てたデカルトの有名な思想も、それまでの思想史の脈絡と議論の枠組みの中から突然変異のように現れ出たわけではありません。

さて、デカルトの有名な『方法序説』（1637年）は、「私は考える」（ラテン語でコギト Cogito）ということ、つまり、理性をすべての柱に据えて考えることを宣言した本です。そこでの神の存在を考慮しなくてもいいという理路は、近代科学の出発点として重宝されることになりますが、デカルト本人は決して神のことをないがしろにしていいと思っていたわけではなく、むしろ、相当に敬虔な信徒であることがわかります。実際の記述をいくつか見て行くことにしましょう。

デカルトは、この世の確かな存在を探すために、まずはすべてを疑うという思考実験をしてみて、すぐに気がつきました。

> このようにすべてを偽と考えようとする間も、そう考えているこのわたしは必然的に何ものかでなければならない、と。そして「わたしは考える、ゆえにわたしは存在する［ワレ惟ウ、故ニワレ在リ］というこの真理は、懐疑論者たちのどんな途方もない想定といえども揺るがしえないほど堅固で確実なのを認め、この真理を、求めていた哲学の第一原理として、ためらいなく受け入れられる、と判断した。
> 　　　　　　　　　（デカルト『方法序説』谷川多佳子訳、岩波文庫、46頁）

これが倫理の教科書に出てくる有名な台詞のある箇所です。書かれていることはそれ以上でもそれ以下でもありません。ただ、ここだけ

第5講　アウグスティヌスとデカルト

ではなくて、少し先の記述まで読んでみると、デカルトの別の側面が見えてきます。

> わたしは一つの実体であり、その本質ないし本性は考えるということだけにあって、存在するためにどんな場所も要せず、いかなる物質的なものにも依存しない、と。
> （同書、47頁）

「実体」は伝統的に神の本質をともなう存在で、アリストテレス以来、哲学で使われてきた言葉です。デカルトにとって、考える「私」＝精神は「実体」の一つでもあるわけです（なお、デカルトにとってもう一つの実体は「物質」で、デカルトは精神と物質のどちらも実体として認めています。いわゆる精神と物質の二元論というのがこれで、二元論とは言いながら、精神のほうが物質に優越する二元論です。これは精神が物質を支配し制御する近代科学と相性の良い考え方、というより、デカルトが近代科学の父でもあったわけです。

## 私は実体

それにしても、デカルトは「考えるという本性を持つ『私』が一つの『実体』である」と、あっさりと述べてはいますが、実はこれはかなり大胆な表現です。もちろん、本質をともなう存在＝実体であるからこそ、この考える私は揺るぎのない存在であるわけです。デカルトにおいて「考える」ということが本質的な行為であることはいいとしても、「私」は「実体」だとあっさり言ってしまっていいのでしょうか。そこのところの根拠は示されていません。これは後に見るように、イ

ギリスのジョン・ロック（1632-1704）が批判するところになります。

それはさておき、「わたしは考える、ゆえにわたしは存在する」というのは、実は論理命題としては十分ではありません。この命題を論理式で表すと、次のようになります。

｛私は考える｝ ⇒ ｛私はある｝

そして、このままでは「考える」ことが「ある」ことと結びついている理由がわかりません。それにそもそも「考える」以外のものも「ある」ことに結びついてもよさそうに思えます。
「私は考える、だから私はある」の「考える」のところに五感や身体を使って行なうことが入ってきても、何か哲学的な含意がありそうに見えてきます。
「わたしは感じる、だから私はある」
「私は見る、だから私はある」
「私は食べる、だから私はある」
つまり「私は考える、だから私はある」は、論理命題としては成り立っていないだけでなく、その内容にも決め手がないように見えてきます。

もっとも、デカルトはその論理命題の不十分さには気がついていて、次のように言葉を補っています。

**「わたしは考える、ゆえにわたしは存在する」というこの命題において、私が真理を語っていると保証するものは、<u>考えるために</u>**

第5講　アウグスティヌスとデカルト

## II 哲学講義の実況中継

> は存在しなければならないことを私がきわめて明晰にわかっているという以外にはまったく何もない （同書、47頁）

ということは、三段論法としてはこうなるはずです。

「私は考える」
「考えるためには存在せねばならぬ」
∴「私はある」

となり、図解すると、

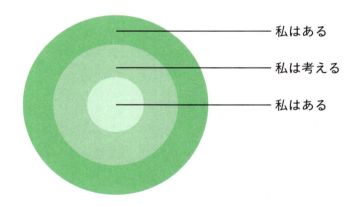

となります。結局のところ存在が先にあって、考えることがそこに含まれ、そこで考えることが私の存在の根拠になっているというきわめて常識的な命題になります。それはそうです。私がいなければ私は考えることはできません。ただ、よくよく考えてみると、存在するから考えることができるというのは一種の思い込みにすぎません。考え

ているから自分の存在を確認できるだけのことです。

　私が考えているのは、物心ついたときからで、そのときすでに私は存在していましたが、存在の終わりにどうなるかは不明です。私が肉体的に消滅したあとには何も考えることができないというのは確認しようがないことではありますが、断定もまたできません。意識の始まりは物心がついた頃だったとしても、肉体の終わりに意識がどうなるのかについては、実は確実なことは何も言えないのです。意識が物質から合成でき、物質の状況に100%依存するのであれば、肉体の終わりは意識の終わりと言えますが、これを実証することには成功していません。身体や脳の機能が揃っていれば意識や自我が自ずと生まれてくるのかと言われると、それは必要条件でしかありません。意識を物質から生成することはできませんし、そもそもそれ以前に生命を発生させることができていません。

## 「考える」から「ある」へ

　それはともかくとして、話を三段論法に戻します。デカルトは「私が考える」ということは「私がある」ということの根拠としているのですが、その「考える」ことの根拠はどうかというと、先の引用のとおり「考えるためには存在しなければならない」ということになっています。ただ、これでは結論が前提となって循環してしまいますし、根拠を問うと次々と無限に背進してしまいかねません。しかし、ここでデカルトはこの「考える」という行為に特別な意義を認めることで、この論法を確定させようとします。

　デカルトは次に見るように、人が「考える」ことと「ある」ことと

の関係を明晰に知っているという事実に注目します。

> そうして残るところは、<u>その観念が、わたしよりも真に完全なある本性によってわたしのなかに置かれた</u>、ということだった。その本性はしかも、わたしが考えうるあらゆる完全性をそれ自体のうちに具えている、つまり一言でいえば神である本性だ。これに加えて、わたしは次のように考えた。わたしは、自分の持たないいくつかの完全性を認識しているのだから、わたしは、現存する唯一の存在者ではなくて（ここで自由にスコラの用語を使わせていただく）、他のいっそう完全な存在者が必ずなければならず、わたしはそれに依存し、わたしが持つすべてのものはそこから得たはずだ、と。
>
> （同書、49頁、下線筆者）

### ◆ 超訳

**神あり、ゆえにわれ思う。**

ここに私が「考える」ことを私にもたらした完全な本性＝神が登場します。デカルトにとって「考える」ことは神とつながることなのです。そして、不完全な私が「完全」ということを思い浮かべることができるのは、この完全な存在者があるからだということになります。つまり**不完全な存在であるにもかかわらず、私はなぜ完全性を知っているのかというと、それは完全な存在者である神が完全性を「わたしの中に置かれた」からである**という理屈です。人間に何か神のごとき性質が含まれているとすれば、このためです。

先ほど「私」が実体であると簡単に言ってしまっていいのかと述べましたが、デカルトにおいては「私」は神によって造られ、その神の本質を宿している存在だから、まあ、本人として、これはきわめて確実な事実であり、そこには何も問題はないのです。それにしても、これを読まされる日本の無宗教的読者の立場からすると、哲学の根拠がここまではっきりと神と書いてあることにあらためて驚かされます。驚く以前にこのくだりをなかったことにしておくかもしれません。目で字面は追えても意味は入ってこないのです。実際私も若いときはそうでした。

　ところで、日本の哲学者の池田晶子が「デカルトは、cogitoの作用の中に、「信じる」を入れてない」（池田晶子『考える人 口伝西洋哲学史』中公文庫、1998年、263頁）という鋭い指摘をしていますが、これはまったくそのとおりです。さすが池田さんです。日本の哲学者としては数少ない「考える人」の一人だけのことはあります。ただし、デカルトにとっては、考えることの根拠は信じることですので、ここはデカルト本人としては疑うわけにはいかないところだったのだろうと思われます。

　何はともあれ、デカルトがかなり苦労しながら「考える私」＝理性の存在を基本に据えたことによって、それ以降の社会はこの原理だけを受け取り、「理性」を中心に展開していくことになります。

## II 哲学講義の実況中継

### 第 6 講

## デカルトとパスカル

### 科学の運命

デカルト
[1596-1650]

パスカル
[1623-1662]

### ❖ 精神と身体の接点

　デカルト登場以降の哲学はこのデカルトの理性中心主義を巡って展開するようになりますが、この点に関してもう少し述べておきます。
　デカルトは、神という絶対的で完全な存在について、われわれが観念を持つということそれ自体が神の存在を証明すると述べています。

> 例えば、三角形の観念のうちに、その三つの角が二直角に等しいことが含まれると認識することから、[実際に] 三角形が二直角に等しい三つの角を有っていることを、まさしく確信するのと同

様に、必然的で永遠的な存在が、最高完全者の観念のうちに含まれると認識することだけから、最高完全者は存在すると、まさしく結論しなければならないのである。

(デカルト『哲学原理』桂寿一訳、岩波文庫、44-45頁)

この絶対的最高完全者への認識＝理性を柱にして、対象物の認識へと進んでいくのがデカルトの二元論的方法です。理性の確実性は神の完全性に基づくものですが、その結果として理性は独り立ちし、自らを規準として、それ以外の不完全なものをすべて対象とすることができるようになります。こうして、デカルトは次のように述べます。

何にせよ我々の知の対象になるものは、事物か事物の或る変状と見なされるか、或いは我々の思惟の外には存在を有たない永遠真理と見なされるか、いずれかである。

(同書、67頁)

ここでデカルトの言う「事物」は「実体」「持続」「順序」「数」その他あらゆる種類の事物がまとっている普遍的対象で、思惟的事物と物質的事物、すなわち精神と物体に分けられます。その最高のものには、デカルトによれば思惟的実体と延長的実体に分けられます。よく耳にする精神と物質の二元論という議論の始まりには違いないのですが、これは決して単純な二元論ではありません。思惟的実体は「知」「意欲」で、延長的実体は長さや幅や深さのある延長、形、運動、位置といったものが属しています。せっかく思惟と物質に分けたのに、延長という独特の概念も加わって、話はすっきりしなくなります。

なお、この「延長」というのも馴染みのない概念ですが、おそらくデカルトの頭の中ではいわゆるXY軸のデカルト座標（それこそデカルトの考案によるものですが）の直線や曲線がどこまでも伸びていくようなイメージだったのかもしれません。しかし、これはデカルト座標ほどには受け入れられなかったようです。

それはそうと、デカルトはその二元論に収まり難い部分をこう述べています。

> しかしまた我々は、単に精神だけにも、物体〔身体〕だけにも属すべきではない或る種の他のものも、我々のうちに経験する。それらは以下その場所で示されるように、我々の精神の身体との堅く密なる結合から生ずるものである。即ち、飢え・渇き等の欲求、同じく心情の動き（commotiones）即ち感情、それらは怒り・喜び・悲しみ・愛への動き等のごとく単に思惟だけのうちに成り立つものではない、また最後に苦痛・くすぐり・光および色・音・香い・味・堅さその他の触覚的性質の感覚のごとき一切の感覚である。
>
> （同書、67頁）

◆ 超訳

**感情や感覚は精神と身体が結びつくところにあり、無視することはできない。**

理性は精神に含まれるもので、これを適切に使用することはものごとの真正さを保証してくれるものではありますが、だからといって、

何かと制約の多い身体を持った人間が自分の精神や身体そのものを簡単に切り離して対象化できるものではありません。実際、デカルトは精神と物体（身体）がそう簡単に分けられるものでないことを重々承知していたことがよくわかります。どうやらわれわれの身体は理性を適切に使いこなすことが決して得意ではないようです。

デカルトはその後実際に、後世の哲学史家たちがまとめるような心身二元論的考察へと進んでいくのですが、この始まりのところでの問題意識と諸考察は、その後の哲学者たちが継承し、展開するということはありませんでした。

ところで、この岐路に戻って五感や感情、感覚といった問題を情念論や共通感覚論として追求していったのが、『共通感覚論』を書かれた私の恩師、中村雄二郎先生でした。意外と言ってはなんですが、哲学の探求方向としては真正面からこの問題に取り組まれていたことに今さらながら気づかされます。

それはそうと、いずれにしても、**デカルトによって人は神様を前面に出さずに「考えること＝理性」だけで十分な正しさを獲得できることになったわけですが、その後の哲学者たちはこのデカルトの合理論的立場に賛成するにせよ反対するにせよ、人間の理性に対する何らかの立場を表明しなければならなくなります。**

### ✤ 「**無益で不確実**なデカルト」

その中でも正面切ってデカルトに反対する立場を表明している一人がパスカル（1623-1662）です。

> 77. 私はデカルトを許せない。彼はその全哲学のなかで、できることなら神なしですませたいものだと、きっと思っただろう。しかし、彼は、世界を動きださせるために、神に一つ爪弾きをさせないわけにいかなかった。それからさきは、もう神に用がないのだ。
>
> （『世界の名著29 パスカル』前田陽一訳、中央公論社、99頁）

　実際、デカルトは完全性の概念を神に由来するものと言っておきながら、その後は無用なものとして扱っているように見えなくもありません。さらに、無からは何も生じないことについては実にあっさりと考えているところからすると、『方法序説』では敬虔なキリスト教信仰に基づいていたようでいながら、この点ではデカルトはむしろ古代ギリシアの原子論以来の科学の申し子のようにも見えます。パスカルにとってデカルトのこの態度もまた許せなかったのではないかと思われます。具体的に見てみると、デカルトは「考える私」の前提になっている神の完全性を論じながら次のように言います。

> 完全性の高いものが、完全性の低いものの帰結でありそれに依存するというのは、無から何かが生じうるというのに劣らず矛盾している
>
> （前掲『方法序説』49頁）

としています。
　いわゆる「無からの創造」は、アウグスティヌスの「世界は無から造られた」「世界は神によって無から造られた」以来、聖書的世界観の根本にある重要な概念です。そこでは世界は質料とともに神に「在

れ」と言われて造られました。つまり、時間の外に在る神によって、その御言葉において造られたことになっています（アウグスティヌス『告白』下、100-101頁、および264頁）。

パスカルにとって、この創造の秘鑰（ひやく）とも言えるポイントを、まるで無神論者のようにあっさりと片付けてしまうデカルトの態度は「もう神に用がない」という風に見えたとしても仕方ないものだったと思います。

## ✤ 無限の空間の永遠の沈黙

デカルトの哲学体系は神への比較的素朴な信仰によって支えられていますが、デカルト本人も気がつかないうちに、それは抽象的な神概念についての信仰に変質していってしまったようです。というより、パスカルにはそう見えたのではないかと想像されます。パスカルのほうがデカルトよりも神への信仰に対してはより自覚的で切実であった分だけ、かえって個人が神と世界から見放された場合の恐怖と孤独に直面していたように読めるからです。

**206. この無限の空間の永遠の沈黙は私を恐怖させる。**（同書、156頁）

デカルトの楽観性とは正反対です。デカルトは中世人のメンタリティーを色濃く残していますが、パスカルはこの点ではもはやすっかり近代人です。科学のもたらす帰結としての殺伐とした科学主義的世界観をこのときすでに予感していたのではないかと思われます。

その一方、デカルトは合理性の源である精神をそれ以外の身体や物

質から切り離し主体として確立する、いわゆる心身二元論という立場をとります。これにより、科学は精神を除くすべてのもの（身体を含む）をその対象として扱えるようになります。デカルトは理性と自然、精神と身体との間にときに噛み合わないことがあるのを大きな問題とは考えていなかったように見えます。科学者としては自然法則さえつかめていれば、理性もまた人間の中にある自然法則の一つ（人間本性）としてとらえればいいと考えていたようにも思えます。

この問題については後にジョン・ロック（1632-1704）やデイヴィッド・ヒューム（1711-1776）が根本的な不信を表明することになりますが、パスカルも彼らに先駆けてこのようなことを言っています。それは、明日も日が昇るのは確実か、という問題です。

**91. われわれは、ある現象が常に同じように起こるのを見ると、そこから自然的必然性を結論する。たとえば、明日も日があるなどというごときである。しかし、自然はしばしばわれわれの予想を裏切り、自分自身の規則に従わない。**　　　（前掲『パスカル』107頁）

数学者で物理学者でもあったパスカルは自然についてその観察や実験から人間が導き出す法則と自然の事実そのものとの不整合をいつも身近に感じていたはずです。自然法則と見えたものがときには人間の予測を裏切ることがあるのを知り尽くしていたと思われます。

この引用での「明日も日がある」というのも厳密に言えば自然的必然性とは呼べる代物ではありません。たまたま今日まで日があったのは僥倖にすぎないかもしれません。実際、今日では地球にも太陽にも寿命がある以上、いつかはこの必然性は崩れることがわかっています。

なお、この「明日も日がある」についてはヒュームとウィトゲンシュタインがそれぞれ引き合いに出していて興味深い問題ですので、この後の章でも見ていくことにします。

## 🌱 われわれの尊厳のすべては考えることの中にある

さて、こうしたパスカルにおいて、世界を創造した神はどこにあるのかというと、これがまたにわかには見出し難いところにあるのです。

> **556. 世界に現われているものは、神性を全く排除してもいないし、それを明白に現わしてもいない。ただみずからを隠している神の存在を示している。すべてのものはこの特性をおびているのだ。**
>
> （同書、284頁）

デカルトの「私は考える」cogito の出発点に「爪弾き」としての神のはたらきを見てとったパスカルですから、**神は理性の側にも自然（人間の本能を含む）の側にもそれぞれに隠れた存在として意識されています**。そして、考える私の側にある神性は有名な次の言葉が語ってくれています。

> **347. 人間はひとくきの葦にすぎない。自然のなかで最も弱いものである。だが、それは考える葦である。彼をおしつぶすために、宇宙全体が武装するには及ばない。蒸気や一滴の水でも彼を殺すのに十分である。だが、たとい宇宙が彼をおしつぶしても、人間**

## II 哲学講義の実況中継

> は彼を殺すものより尊いだろう。なぜなら、彼は自分が死ぬことと、宇宙の自分に対する優勢とを知っているからである。宇宙は何も知らない。
>
> 　だから、われわれの尊厳のすべては、考えることのなかにある。われわれはそこから立ち上がらなければならないのであって、われわれが満たすことのできない空間や時間からではない。だから、よく考えることを努めよう。ここに道徳の原理がある。
>
> （同書、204頁）

　ここは超訳は無用ですね。そのまま理解してください。「考えること」の意義を強調するこの一節はしびれます。よく考えることは道徳にも通じているのです。これはソクラテスが死後の世界で対話できることを楽しみにしていたソクラテス以前の哲学者たちから代々受け継がれてき問題なのでしょう。

# 第7講

## 「明日も日がある」か?
## ヒュームと
## ウィトゲンシュタイン

ヒューム
[1711-1776]

ウィトゲンシュタイン
[1889-1951]

### ❖ 「明日も日がある」のは確かなのか

　自然現象と人間が発見し記述する法則との間には悩ましい関係があり、これは絶対と思えるような自然法則でも、パスカルが言うとおり「自然はしばしばわれわれの予想を裏切る」ことがあります。ナシーム・N・タレブが『ブラック・スワン』(望月衛訳、ダイヤモンド社、2009年)で述べているように、黒い白鳥が出てきた時点で、白鳥は白いという「法則」は成り立たなくなってしまいます。原子力発電所の過酷事故のように万に一つのリスクでも、一度起こってしまうと、とんでもない大惨事になることもすでに人類は何度か経験済みです。

　他方で、自然はこれまで人間が発見して利用してきた諸法則に、な

ぜか100%ではなくても、かなりの高確率で「ほぼ」合っています。時間一つを取ってみても、ときどき天体の方の時間がずれているために何秒か調整されることがあります。むしろ、これが「ほぼ」合っているのはなぜなのか。どうして自然はおおよそのところで人間が認識可能で生存可能な状態にあるのかという不思議な事実も浮かび上がってきます。現代物理学から見ると不正確で間違っているニュートン力学が日常の生活圏では大きな問題なく成り立っていることに近いかもしれません。

　それはさておき、パスカルの言うとおり、理性によって把握される法則と自然そのもののあり方には必然性が認められないし、自然法則と言われるものでも、必ずしも正確かつ完全に記述できているわけではありません。パスカルが人間の理性の側にも、それを裏切る自然の側にも、それぞれに問題があることを認めていることは、先の引用91でも明らかです。

　この「明日も日がある」という表現は、後にイギリスのデイヴィッド・ヒューム（1711-1776）が次のように述べていることとも重なります。

**すべての事実の問題の反対は、なお可能なのである。なぜなら、そうした反対も決して矛盾を含蓄しえないし、また、あたかも実在にぴったり適合している場合と同様なほどの容易さと判明さをもって心に了解されるからである。太陽が明日は昇らないであろうということは、太陽が昇るであろうという断定に比べて理解し難い命題ではないし、またより多くの矛盾を含蓄しているわけで**

もない。それゆえ、われわれがこの命題の虚偽を論証しようと試みても当然無駄であろう。もしこの命題が論証的に虚偽だとすれば、矛盾を含意しているであろうし、したがって心によって明晰に了解されることは決してありえないだろう。

(D.ヒューム『人間知性研究』斎藤繁雄・一ノ瀬正樹訳、法政大学出版局、22-23頁)

これはかなり面倒な言い方をしているので、もう少しわかりやすく言い換えてみます。

「太陽は明日昇る」というのと反対に「太陽は明日昇らない」と言うこともできる。明日のことなので、どちらの言い方も100％正しいわけではないし、100％間違っているわけでもない。今までそうだったからといっても、正しいと決まったわけではないし、そうでないことを間違いだと言うこともできない。明日になって日が昇らなかったとすれば、言ったことに間違がなかったことは明白になる。

これをさらに簡単に言えば、

◆ 超訳

明日太陽が昇ることでさえ確実とは言えない。

私たちが普通に正しいと思っていることを徹底的に疑ったとき、このような表現に行き着く一例と言えるでしょう。懐疑主義と呼ばれる

所以ですが、神様抜きで正しさを認め始めた科学でも、**ここまで徹底的に疑うと、何でも言えるようでいて何も言えなくなってしまう**のではないかと心配になります。ヒュームは神様に発する世界で正しいとされるものは習慣にすぎないし、それに基づく理性も疑ってかからなければいけないと言っているようです。ヒュームはこの点でイギリスの伝統的な理性不信を受け継いでいるように見えます。そもそもデカルトの登場する前に、理性よりも観察と経験を重んじよと力説していたフランシス・ベーコン(1561-1626)の思想の影響もあるのでしょう。このベーコンについては後ほどあらためて見ていくことにします。

このヒュームの懐疑主義にはその後の世代の哲学者たちはかなり苦しめられたようです。これもまた後に見ますが、ドイツのカント(1724-1804)の哲学体系はこの懐疑主義を乗り越えようとした努力の産物だと言えるでしょう。

### 確実性の問題——語りえぬこと

ところで、ヒュームにおける陽はまた昇るのかという問題は、さらに時代が下って、ウィトゲンシュタイン（1889-1951）の『論理哲学論考』の中でもお目にかかれます。

> 太陽は明日も昇るだろうというのは一つの仮説である。すなわち、われわれは太陽が昇るかどうか、知っているわけではない。
> 　　　　　　　　　（ウィトゲンシュタイン『論理哲学論考』野矢茂樹訳、岩波文庫、142頁）

ウィトゲンシュタインは『論理哲学論考』を書いた時点では、論理

命題と事実とは一対一対応すべきもので、その結果として哲学的問題は消滅するとまで考えていたところもあります。もちろん、彼は事実と対応しない「語りえない部分」の存在も認めていましたが、そこは語らないことにしていたわけです。その有名な言葉がこれです。

### 7　語りえぬものについては、沈黙せねばならない　　（同書、149頁）

「沈黙せねばならない」と言われても、沈黙するのは哲学者に任せておけばいいでしょう。実際にはウィトゲンシュタイン本人も後の章で見るように、決して沈黙してはいられませんでした。公刊はしていませんが、『論理哲学論考』より後に書かれたものはかなりの量にのぼります。

　なお、人びとは語り得ぬものについて何事かを言い、ときには、踊ったり歌ったり、絵を描いたり像を造ったりしてきました。そして、何より忘れてはならないのが祈ることです。哲学は祈りとは別の路線で進んできたため、哲学の所作の中には祈りは含まれてきませんでしたが、祈るべき神を失った現代という時代に入って、哲学にも祈りの代わりになる怪しい呪文の要素が入り込んできます。そして、語りえぬものを黙っていられない現代の哲学者たちの中にも呪文を唱える人が出てくるようになります。この問題については現代に入ったところであらためて述べることにしましょう。

　それはそうとして、確かにわれわれは、太陽が昇るかどうか「知っている」わけではありませんから、これはウィトゲンシュタインによれば、語らぬこと、沈黙せねばならないことがらに属することになりそうです。そこでは少なくとも事実と「仮説」は一対一対応してはい

ませんが、いずれにしてもその例としてウィトゲンシュタインもまた「太陽が明日も昇るだろう」という表現を持ってきたのは、パスカルからヒュームを経て、あまり他の哲学者の著作を読まなかったとも言われているウィトゲンシュタインにも、この問題がストレートに受け継がれてきたことを示しています。

## 第8講

# ベーコンとロック
## 理性よりも経験

フランシス・ベーコン
［1561-1626］

ジョン・ロック
［1632-1704］

### 🦋 知覚こそが出発点

　デカルトは著書『方法序説』の冒頭で、理性ないし良識は「すべての人に生まれつき平等に具わっている」（前掲『方法序説』谷川訳、8頁）と述べていますが、この「生まれつき平等に具わっている」というところに異議を申し立てたのがイギリスのジョン・ロック（1632-1704）でした。

　ロックは『人間知性論』（1689）で、人間には生まれながらの原理（生得原理）はないと言い切っています。〈あるものが存在する〉とか、〈同じものが存在すると同時に存在しない〉といったことは、多くの人が賛同する真理ではあっても、それが生得の原理だということにはなら

ないとロックは言います。

> なぜなら、第一、子どもたちや白痴は、明白にこれらの原理をいささかも認知しないし、考えない。そして、認知されず考えられないことは、いっさいの生得原理に必ず伴なわなければならない普遍的同意をまったくなくしてしまうものである。
> （ジョン・ロック『人間知性論』大槻春彦訳、『世界の名著32』中央公論社、71頁）

つまり、理性が未発達であったり、十分に使えなかったりする人びとのことを考えると、理性を人間の原理とすることはできないというわけです。まあ、確かにそれは特殊事例とは言えませんし、そのとおりでしょう。ロックは、人間の心は生得原理など存在しない、ラテン語の「タブラ・ラサ」、いわば白紙の状態にあると言います。それでは心はどこから理知的な推理や知識を得るのかというと、

> これに対して、私は一語で経験からと答える。この経験に私たちのいっさいの知識は根底を持ち、この経験からいっさいの知識は究極的に由来する。
> （同書、81頁）

これが、イギリス経験論哲学の始まりになるわけです。なお、ここで「経験」というのは人生経験のような意味ではなく、さしあたり五感による感覚・知覚を意味していると考えてもらって結構です。経験論はまずは対象としてのものではなく、それがどう自分に感じられるか、認められるかというところ、つまり感覚として自分に与えられた条件から出発します。

これはこれで、自分の感覚だけで確実なものを構成するということができるのかということと、他人の感覚をどう位置付けるかという問題に直面することになるのですが、とりあえず世界が自分と他人によって感知されたとおりにできていることを認めながら、議論を展開することになります。

　経験論は、哲学的論理としてはともかく、科学的方法論としては実証や実験が出発点となります。この点で、最初からデカルトのように「延長」とか言ってみたりして、結論を先取りしたりしないため、黎明期の近代科学との相性が良かったことは言うまでもありません。

## ✤ 自然の精細

　この経験論哲学のロック以前に、デカルトに先駆けて、科学における実験・観察の意義を説いた人にフランシス・ベーコン（1561-1626）がいます。そのついでに時代をさらにさかのぼるならば、同じベーコン姓のイギリス人で13世紀のロジャー・ベーコン（1214-1294）が当時最先端のイスラム圏の科学思想に触発されながら実験・観察を強調していたことも注目するべきかもしれません。著作の英訳を読む限りでは、かなり面白いことを言っている思想家です（Roger Bacon, *FRIAR BACON: HIS DISCOVERY OF THE MIRACLES OF ART, NATURE, AND MAGICK* (Age of Reason book from the Medieval English theologians) - Annotated WHAT IS NEW THOUGHT? 1659.）。

　実験や観察で得られた事実を重んじるのは、言うまでもなく科学の基本的態度ですが、いくら理性と言われても、デカルトのようにかなり抽象的な「延長」の概念から出発し、幾何学的な説明を試みたりす

るのはかえって事実から離れかねないということを、実験と観察に基づくイギリスの学問的伝統では早くから人びとが心得ていたようです。

さらに、イングリッシュ・ジョークのように、ものごとを斜めから見たり、柄のないところに柄をすげてみたりするところがあるためか、イギリスにはどこかで人は理性的・論理的になりすぎると間違うということについての共通理解があるように思われます。

〈精神科医と患者の会話〉
患者：「先生、私、自分が犬になったような気がして仕方ないんですが……」
医師：「いつごろからそう感じるようになったんですか？」
患者：「子犬の頃からです」

というジョークが個人的には気に入っているのですが、こういう笑いのツボがあるところでは、生真面目なだけの議論はむしろ格好の笑いの材料になります。こういう文化では、窮地に追い込まれてもどこか余裕のあるものの見方に瞬間移動できる可能性が人びとに共有されている気がします。

それはともかく、フランシス・ベーコンは『新機関』（1620）でこのようなことを言っています。

**10　自然の精細は、感覚および知性の精細に幾層倍もまさっている。したがって人間のあの立派な省察や思弁や論争も的外れの**

ものなのである。

(ベーコン『ノヴム・オルガヌム(新機関)』桂寿一訳、岩波文庫、72頁)

13　推論式［三段論法］は諸学の窮極原理には適用されないし、中間的公理に適用しても無駄である、というのは、それは自然の精細にはるかに及ばないから。したがって同意は拘束するが、しかし事物を拘束するものではない。
(同書、73頁)

24　推論によって立てられた一般命題が、新たな成果の発見に役立つことは決してあり得ない。なぜならば自然の持つ精細さは、推論のそれを何倍も越えるものだから。しかし個々的なものから正当に順序立てて抽出された一般命題は、逆に新たな個々的なものを容易に指示し・提示し、したがって諸学を働きあるものにする。
(同書、77頁)

まるでデカルトの登場する前からデカルトを批判していたような表現ですが、ここでは「自然の精細」(subtlety of nature)を観察することが演繹的三段論法をはるかにしのぐものであることが強調されています。自然科学の場合はデカルトの登場を待たなくても、実際に現場で科学に取り組むときには、ベーコンの帰納法で十分だったと言えるかもしれません。

18世紀では学問の出発点はデカルトだとしても、デカルトは理性を前提とする最初の一撃だけの影響で、実際にはベーコン〜ニュートン〜ロックというところの帰納的方法が科学的方法の主流となってい

**きます。**

　ただ、哲学においてはイギリス経験論とは別に、大陸ヨーロッパでは次章以降に見ていくように、いわゆる合理論と簡単には一括りにはできないような思想（スピノザやライプニッツ）が登場することになります。

# 第9講

## スピノザ
### 考えることの楽しみと幸せ

スピノザ
［1632-1677］

### 神に酔える無神論者

　オランダに生まれたスピノザ（1632-1677）は、思想史的にはデカルトの合理論的哲学の問題を継承し展開したと言われます。生年や著作の読まれた順番で行けば、確かに、デカルト、スピノザ、ライプニッツ、そして、カント、ヘーゲルというドイツ観念論の流れに通じる樹形図的な発展経路が描かれそうですが、少なからず紆余曲折があります。スピノザの著作は生前に『デカルトの哲学原理』一冊しか公刊されず、長らく忘れられた哲学者となっていました。主著の『エチカ』を中心に広く注目を集めるようになったのは、18世紀も後半に入ってからでした。その意味ではドイツ観念論の頃に再発見されています。

しかし、スピノザの読解は一筋縄ではいきません。同時代の人びとから今日に至るまで、スピノザの思想は様々に解釈されてきました。一方で「神に酔える無神論者」と言われ、著作では神についての議論を展開しているにもかかわらず、他方では、神がいたるところに偏在するようにも読めることから、汎神論者あるいは無神論者として非難されるという具合です。もっとも、スピノザに無神論者的な要素があることは、若いときから周囲に知られていて、おそらくはそのために命を狙われることになります。

　スピノザは祖父の代にオランダはアムステルダムに移住してきたユダヤ人商人の家に生まれましたが、24歳のときに無神論者としてユダヤ教会から告発を受け、破門を宣告されます。この頃、夜中に何者かによって命を狙われ、短剣で襲われるという事件もありました。かのソクラテスは死刑になりましたが、暗殺の対象になった哲学者はスピノザくらいのものでしょう。

　ユダヤ教会から破門を受けたスピノザはその後、光学レンズの研磨や個人教授などをしながら生計を立てていたようですが、28歳の頃に友人たちに回覧するだけのために書かれた「神と人間の幸福についての短論文」で自身の哲学の立場を定めた後、主著『エチカ』（倫理学）を書き始めます。『エチカ』はスピノザが44歳で肺結核を患って亡くなる2年前に完成していましたが、出版の目途が立たず、本人が亡くなった1677年の12月に友人たちによって『知性改善論』などとともに遺稿集として出版されました。

　結局、スピノザが生前に自身の名前で刊行できた著作は『デカルトの哲学原理』（1663）だけでした（『神学・政治論』は1670年に偽名で刊行され、発売後間もなく発禁処分）。遺稿集も翌年には危険思想

を含む有害図書として発禁処分を受け、その後1世紀ほどが経過して再発見されるまで、スピノザは忘れられた哲学者となってしまいます。

## エチカ──倫理学

さて、スピノザの主著とされる『エチカ』ですが、序文もなくいきなり数学の定理集のような体裁で始まる、隙のない論理で組み立てられた体系書です。

『エチカ』の第1部は「神について」で、神についての定義が8題置かれ、次に公理が7題、そして、定理とそのそれぞれの証明に入っていき、以下、同じ調子で第2部以下が「精神の本性および起源について」「感情の起源および本性について」「人間の隷属あるいは感情の力について」「知性の能力あるいは人間の自由について」という、5部構成になっています。

読者が読み進めていく中で疑問が出てきそうなところは「定理から明らか」であるとか「第○部の定理△を参照」といった形で全体が第1部の「神について」の定義と諸定理から始まる演繹体系を構成しています。

その神というのは定義6によれば、

> 神とは、絶対に無限なる実有、言いかえればおのおのが永遠・無限の本質を表現する無限に多くの属性からなっている実体

（スピノザ『エチカ〈上〉』畠中尚志訳、岩波文庫、38頁）

であり、それは「必然的に存在する」（定理11、同書47頁）もので、「神

のほかにはいかなる実体も存しえずまた考えられない」（定理14、同書52頁）ということになります。さらに、神は自然の中における同一の属性を持つ二つのものはありえない（定理5）ため、唯一の存在であり、自然の中の唯一の実体であると言います。

　この「実体」というのは、これまで見てきたように、アリストテレス以来、哲学が本質的な存在として取り上げてきた概念で、デカルトでは、神と精神と物質の三者がそれぞれに実体でした。これをスピノザは唯一の神だけで十分だと考えたわけです。このスピノザの言う唯一の神というのはユダヤ教会を破門されているので、旧約の神でもないのかもしれませんが、少なくともキリスト教の三位一体の神ではなさそうです。いずれにせよ、これは批判されていると感じる人が読めばたちどころにわかりますが、そのため、実際にスピノザの著書が発禁になり、命まで脅かされていました。

　『エチカ』全体がこういう調子で進んでいきます。数学の証明のような体裁が取られていますが、各定理と証明の間に「備考」や「付録」が付記されていて、そこではかなり饒舌な説明が施されています。決して無味乾燥というわけではありません。第1部の終わりの「付録」には以下のような本人による議論のまとめがあります。

> 以上をもって私は神の本性を示し、その諸特質を説明した。すなわち神が必然的に存在すること、唯一であること、単に自己の本性の必然性のみによって在りかつ働くこと、万物の自由原因であること、ならびにいかなる意味で自由原因であるかということ、すべての物は神の中に在りかつ神なしには在ることも考えられる

こともできないまでに神に依存していること、また最後にすべてのものは神から予定されており、しかもそれは意志の自由とか絶対的裁量とかによってではなく神の絶対的本性あるいは神の無限の能力によること、そうした諸特質を説明した。 （同書、82-83頁）

> ◆ 超訳
>
> **神は唯一絶対の存在で、すべての原因であり、無限の能力を持っている自由な実体である。**

スピノザ本人の神についての理解が〈神＝実体＝現実＝自然〉ということであるなら、唯一神と言いながらも、神は世界のいたるところに存在するという汎神論に近づくように見えます。また、そうした汎神論をさらに進めると神はあらゆる現実の中に雲散霧消してしまい、究極的には無神論と変わらないことになるのではないかという批判が出てくることは当然予想されます。実際、スピノザが命を狙われたのも当時の世相の中で彼が無神論という危険思想の持ち主とみなされたからだと思われます。

## 🌿 ヘーゲルあるいはドゥルーズ

他方で、後世の哲学者たちの理解はもちろん哲学の文脈の中で行なわれます。ヘーゲルは『哲学史講義』の中でスピノザの哲学について「デカルトの哲学を絶対的真理という形式のうちに客観化したもの」とと

らえ、以下のように数行でまとめています。

> **スピノザの観念論を単純にいいあらわすと、真なるものは端的に一つの実体であり、この実体は思考と延長を属性とする。それらの絶対的統一体が現実であり、それが神にほかならないと定式化できます。**
>
> （ヘーゲル『哲学史講義Ⅳ』長谷川宏訳、河出文庫、130頁）

デカルトからの連続性を考えると、確かにそのとおりでしょう。もっとも、ヘーゲルは、スピノザが存在を思考と延長という対立する二項の統一としていわゆる弁証法的に読み解こうとしています。

これに対して、20世紀のフランス哲学で哲学史研究においてユニークな仕事を残しているジル・ドゥルーズ（1925-1995）は、ヘーゲルのスピノザ解釈とは対照的に、スピノザはデカルト主義を受け容れていないと見ています。

> **デカルト主義はけっしてスピノザの思想とはならなかった。いうならばレトリックであり、彼はデカルト哲学を自身に必要なレトリックとして利用したのだった。**
>
> （ドゥルーズ『スピノザ－実践の哲学』鈴木雅大訳、平凡社ライブラリー、20-21頁）

ドゥルーズはスピノザの体系の中に登場する「身体」や「精神」が自らを超えた力を得ようとする動きに注目しています。スピノザの体系は決して自らの運動や変化を否定していないのです。

> それは、身体は私たちがそれについてもつ認識を超えており、同時に思惟もまた私たちがそれについてもつ意識を超えているということだ。身体のうちには私たちの認識を超えたものがあるように、精神のうちにもそれに優るとも劣らぬほどこの私たちの意識を超えたものがある。したがって、みずからの認識の所与の制約を越えた身体の力能をつかむことが私たちにもしできるようになるとすれば、同じひとつの運動によって、私たちはみずからの意識の所与の制約を越えた精神の力能をつかむこともできるようになるだろう。
>
> （同書、34-35頁）

　こうした読み方をすれば、スピノザの体系はドゥルーズの本の副題のように「実践の哲学」としての性格を持つものにもなりそうです。ドゥルーズがこのようにスピノザの身体論から「力能」に注目するところは、ニーチェやハイデッガーが提起した現代哲学の問題にもつながってきますが、その問題については後に触れることとします。

　さて、ヘーゲルは弁証法的に、ドゥルーズは一種の身体論的哲学として、それぞれ自分の思想に惹きつけて読み解こうとしていますが、実際、スピノザの『エチカ』は後世の人びとから様々な解釈がなされてきました。デカルトをスピノザがどう継承したかという哲学史的観点からは、このようにまったく正反対の解釈が可能だったりするのはそれなりに興味深いところがあります。いずれにしても、このような様々な読み方ができるところはスピノザに限らず、優れた思想家の書いたものに見られる特徴ではあるのですが、ここではスピノザ本人の書いたことをもう少し忠実に追ってみましょう。

## 考える愉しみと満足

　以下の引用は『エチカ』ではなく『神学・政治論』からのものですが、スピノザの善に対する態度を端的に表していると同時に、『エチカ』もこれと同じスタンスで書かれていると思われます。

> わたしたちが真剣に望むことは、何であれ、基本的に次の三つのどれかに当てはまる。ものごとをその大元の原因から知ること、感情をうまく制御して徳ある生き方を身につけること、安全に健康な身体で生きること。この三つである。このうち最初の二つ［の実現］に直接役立つような手段、その［実現の］ための一番手近で効果的な要素と考えられる手段は、人間本来の性質それ自体に含まれている。だからこの最初の二つをものにするにはわたしたちの力だけで十分であり、人間に本来的に備わった法則以外のものを特に必要とはしていないのである。
> 　　　　（スピノザ『神学・政治論〈上〉』吉田量彦訳、光文社古典新訳文庫、152頁）

　スピノザにとって神が重要なことは言うまでもありませんが、この「わたしたちの力だけで十分であり、人間に本来備わった法則以外のものを特に必要としていない」ことが『エチカ』に展開されています。

　われわれが物事を知覚し、一般的で普遍的な概念を形成する手段は『エチカ』の第2部定理40の備考2に次の3種に分類されています（前掲『エチカ〈上〉』「第2部定理40」142-143頁）。

| 第一種の認識 | 対象物についての漠然とした経験による認識と、言語や記号から想起され形成される認識（意見もしくは表象）。 |
| 第二種の認識 | 事物の特質についての共通概念あるいは妥当な観念を有することによる認識（理性）。 |
| 第三種の認識 | 神のいくつかの属性の形相的本質の妥当な観念から事物の本質へと進む認識（「直観知」）。 |

　この第三種の認識は「直観知」と言われても今ひとつしっくりこないと思いますが、絶対的な存在であり永遠に存在する神という完全な存在（「定理14　神の他にはいかなる実体も存しえず、また考えられない」第1部）に対して、不完全で有限な存在である人間が理性の本性により「永遠の相のもとに知覚する」（『エチカ〈上〉』「第2部定理44系2」）ということです。

　神によって造られた不完全で有限な身体を持つ人間は、神との関係では常に受動的であり、不完全な能力しか持っていないにもかかわらず、完全な存在というものを想像できますし、そもそもそのようなものはこの世に存在していないのに、「完全」という言葉、つまり概念を持っています。不完全な側から発する限りではありますが、完全な存在を想像し、表現することができます。そして、この範囲内で人間は神の完全性に触れ、体現できています。こうして、不完全な人間が理性と直感知を永遠の相のもとに総動員して神の完全性に触れることから生まれてくるのが精神の満足であり、楽しみなのです。

## 🌿 直感知と知的愛

とりわけこの直感知という第三種の認識は『エチカ』の最後の第5部で次のように定式化されています。

> 定理25　精神の最高の努力および最高の徳は、物を第三種の認識において認識することにある。
> 定理27　この第三種の認識から、存在しうる限りの最高の精神の満足が生ずる。
> 定理30　我々の精神はそれ自らおよび身体を永遠の相のもとに認識する限り、必然的に神の認識を有し、また自らが神の中にあり、神によって考えられることを知る。
> 定理32　我々は第三種の認識において認識するすべてのことを楽しみ、しかもこの楽しみはその原因としての神の観念を伴っている。
> （前掲『エチカ〈下〉』122-126頁）

そして、この定理32の系において「第三種の認識から必然的に神に対する知的愛が生ずる」（同書、127頁）と言います。スピノザの言うことは誤解の余地なく書かれているとおりで、あえて超訳する必要はないくらいですが、思い切ってこうしておきます。

### ◆ 超訳

神を知ることから愛が生まれる。

プラトン以来の真善美はここに一つの美しい作品として結実したと

考えていいでしょう。

　人は「考える」ということを通じて最高の徳を獲得し、すべてのことを楽しむようになり、それは神への愛につながると同時に死を恐れることさえもなくなっていきます。第５部でさらに次のように述べています。

> 定理38　精神はより多くのものを第二種および第三種の認識において認識するに従ってそれだけ悪しき感情から働きを受けることが少なく、またそれだけ死を恐れることが少ない。
> （同書〈下〉、131頁）

### 悪をしりぞけ、死を恐れず

　そうです。理性を前提とし、直感知を用いて完全な存在を認識することは、楽しみであり、徳であり、愛なのです。哲学的思考はどことなく暗くて苦しい修行のように思われがちですが、本来そうではなかったはずです。真善美は楽しみと満足と愛をともなって思考する人の前に立ち現れるというイメージです。このイメージは、死を前にして何らたじろぐことがないどころかむしろ死後の世界を楽しみにしていたソクラテス（プラトン『パイドン』におけるソクラテス）の姿と重なります。

　『エチカ』の最後の定理42の備考に登場する「賢者」はソクラテスに重なって見えます。

## II 哲学講義の実況中継

> 賢者は、賢者として見られる限り、ほとんど心を乱されることがなく、自己・神および物をある永遠の必然性によって意識し、決して存在することをやめず、常に精神の真の満足を共有している。
>
> （同書〈下〉、137頁）

　スピノザは絶対的存在である神の造った他者としての人間が神と「永遠の相のもとに」つながることを通じて、神の完全性と永続性を獲得すると見ています。神を前面に立てて始められた議論ですが、人間の側からすると、人間の本来の力と法則で徳ある生き方を実現することが可能だということにもなります。スピノザが自身の哲学を凝縮した書名にあえて哲学ではなく倫理＝エチカを選んだのも徳のある生き方が示されているためかもしれません。

　『エチカ』にはプラトン以来の真と善、そして直接には示されていませんが、美が示されています。それはこの著作そのものの構成と、終盤に向けての文章の高揚感に見て取ることができます。直接的には美は扱われていませんが、人間が神の他者として愛されているという受動的な関係において、真と善が永遠の存在として示されるという仕組みには、芸術作品に感銘を受ける際の人間の認識構造と同じものがあります。

＊

　さて、先にも述べたように、生前のスピノザは時代に受け容れられず、ほとんど国内亡命者のような生活を送らざるをえませんでした。そのため、著作が執筆された時期と、その思想が世に広く受け入れられ始めた時期までに1世紀以上の間隔が空いています。

しかし、同時代人のライプニッツ（1646-1716）は、スピノザの友人シェラーのもとでスピノザ思想を研究し、ハーグで直接本人にも会い、『エチカ』の草稿を見せてもらっています（ライプニッツ『モナドロジー・形而上学序説』清水富雄、武田篤司、飯塚勝久訳、中央公論社、239頁）。実際、ライプニッツの著作にはスピノザの思想からの影響がはっきりと見られます。この点については次章で見ていくことにしましょう。

## II 哲学講義の実況中継

# 第10講 ライプニッツ
## 論理に置き去りにされる人間

ライプニッツ
[1646-1716]

### 🍀 モナド

　ライプニッツ（1646-1716）はスピノザ（1632-1677）よりも14年遅く生まれましたが、前に述べたように、スピノザの著作が100年ほど埋もれていたこともあり、哲学的著作が世に広く知られる順番としてはライプニッツのほうが早かったとも言えるでしょう。ただ、ライプニッツ本人は1676年の秋にオランダのスピノザを訪ねて『エチカ』の草稿を見せてもらっていますので、ライプニッツの中ではスピノザは自身に先行する思想家であったことは確かです。

　さてスピノザほどではないにしても、ライプニッツの『単子論（モナドロジー）』も仲間に見せるために覚書のような形で書かれたもの

で、いわゆるみっちりと書き込まれた章からなる哲学書ではなく、一応、番号は付されていますが断章風のスタイルの小著です。もともとフランス語で書かれたものですが、ドイツ語訳は1720年、フランス語版は1840年に公刊されています。このモナドロジーに先立つ論文として、生前に誰にも見せないまま19世紀末になってようやく人びとに知られるようになった『形而上学序説』などもあり、同時代人や後世に及ぼす影響という点ではこの時代の人たちの書物は刊行された順番が執筆された順番と大きく異なるため、代表作とされるものをいきなり読んでも理解しにくいところがあります。同時代人にとってはなおさらわかりにくかったことでしょう。

さて、ライプニッツもまた、形而上学の伝統に則って、神と存在の本質であるいわゆる「実体」についての議論を展開します。スピノザもそうでしたが、いきなり神や実体が登場すると、今日の特に日本の読者にとってはかなりつらいものがあります。そして、この実体の中でも数字の1に当たるようなすべての基本になる要素を、ライプニッツは「モナド」という言葉で表します。

岩波文庫の河野与一訳では「単子」、最近の研究者や翻訳者（最近は同じ岩波文庫でも谷川多佳子・岡部英男訳が出ています）の間では「モナド」とそのまま使われていますが、このものごとの最も単純な構成要素でかつそこからすべての物を組み合わせ、合成することができる「モナド」という実体は、字面を追っているだけではますますわからなくなります。

ライプニッツは世の中の複雑な物事はすべてもとを辿れば単純な要素に分解でき、また逆に、その単純な要素、たとえば、アルファベットや1〜9までの数字を組み合わせることで、世界はすべて成り立っ

ているという考えを持っていました。モナドはその最も単純な構成要素であり、すべてを生み出す本質をその中に持っている単位なのです。

以下、このような感じです。

> 1　これからお話しするモナドとは、複合体をつくっている、単一な実体のことである。単一とは、部分がないという意味である。
> 2　複合体がある以上、単一な実体はかならずある。複合体は単一体の集まり、つまり集合にほかならないからである。
> 3　さて、部分のないところには、ひろがりも、形もあるはずがない。分割することもできない。モナドは、自然における真のアトムである。一言でいえば、森羅万象の要素である。
> 4　だからここには、分解の心配がない。まして、自然的に消滅してしまうなどということは、どう見てもありえない。
> 5　おなじ理由からいって、単一な実体は自然的に発生するわけがない。単一な実体は、部分の組み合わせによってつくることができないからである。
> 6　そこでこう言える。モナドは、発生も終焉も、かならず一挙におこなわれる、つまり（神のおこなう）創造によってのみ生じ、絶滅によってのみ滅びる。ところが複合体では、どちらの場合にも、一部分ずつ、徐々におこなわれる。
>
> （ライプニッツ『モナドロジー 形而上学序説』清水富雄・竹田篤司・飯塚勝久訳、中央公論新社、3-4頁）

こういう具合です。この何だかわかったようなわからないような形而

上学の用語の伝統は、ライプニッツにおいても受け継がれていますが、それにしてもモナドとは何なのでしょう。

> 9 じっさいどのモナドも、他のすべてのモナドと、たがいにかならず異なっている。自然のなかには、二つの存在が、たがいにまったく同一で、そこに内的なちがい、つまり内的規定にもとづいたちがいが発見できないということは、けっしてないからである。
>
> （同書、5頁）

　実体についてその根本から話を展開する点では、ライプニッツのモナドはスピノザの『エチカ』とも近いようにも見えます。もっとも、スピノザの言う実体は世界内にそれだけで成り立っている本質的存在で、神とほぼ同義でしたが、ライプニッツの言うモナドは神そのものではなく、神の創造によっていきなりこの世に生じた個物の「個」の本質を表しています。

## 最小単位の「個」

　ライプニッツがスピノザを訪ねてちょうど10年後の1686年に書いた『形而上学叙説』では、デカルトやスピノザから、そしてトマス・アクィナスやドゥンス・スコトゥスといった中世スコラ学者たちからもインスピレーションを受けつつ、後に「モナド」と呼ぶことになるこの概念を「実体形相」または「個別的実体」と呼んでいます。
　ライプニッツによれば、

> 9 おのおのの個別的実体はそれなりに宇宙全体を表出していること、また、個別的実体の概念には、その実体のあらゆるできごとが含まれているばかりでなく、できごとにともなういっさいの状況や外界の全系列もふくまれていること
>
> （同書、67頁）

という見出しに続く記述でトマス・アクィナスの「そこではすべての個体が最低の種である」（『神学大全』1.50.4）という言葉を引き合いに出しながら、次のように個別的実体を説明しています。

> どの実体も神のもつ無限の知恵と全能という性質をいくぶん身につけており、できるかぎり神を模倣している、とさえ言える。すなわち、実体は雑然としてではあっても過去、現在、未来を通じて宇宙に起こるいっさいのことを表出するのであるが、このことは、無限な表象または無限な認識にいくぶん似ているわけである。そして他のすべての実体もそれなりにこの実体を表出し、それに適応するのだから、この実体は創造者の全能を模倣して、自己の能力を他のすべての実体に及ぼしていると言うことができる。
>
> （同書、68頁）

### ◆超訳

**個別的実体（モナド）には、神の全知全能がそれを模倣する形で宿っている。**

これがライプニッツが後にモナドとして確立する概念の最初の説明です。ここでの神は、個々のモナドがバラバラになってしまうのを防いでくれる大もととしての「本源的な単一実体」としてとらえられています。

### 🦋 神の刻印

　ということは神の性質はそれぞれのモナドに刻印されているということのようです。『モナドロジー』では、以下のとおりです。

38　とすると、ものの最後の理由は、かならず一つの必然的実体のなかにある。それは泉に似ていて、様々な変化の細部を、もっぱら優越的にふくんでいる。その実体をわたしは神と呼ぶのである。

39　さてこの実体は、そのような細部全体をみたす十分な理由であり、かつこの細部は、たがいにいたるところで関係をもちあっている。だから、神は一つしかない、また、この神だけで十分（な究極的理由）である。

47　そこで神だけが、原初的な「一」、つまり本源的な単一実体で、創造されたモナド、つまり派生的モナドはすべてその生産物にほかならない。これらのモナドは、いわば時々刻々、神の身から不断に放射されている閃光によって生みだされるが、本性上有限な被造物のならいとして、（神のささえを）うけなければ生きてゆけないということが、モナドの立場

## II 哲学講義の実況中継

> を制限しているわけなのである。　　　（同書、15-16頁、18頁）

ライプニッツにとって神の完全性はゆるぎのないもので、

> 神の行ないは常にこのうえなく完全なものであり、またこのうえなく望ましいものであるというあの偉大な真理を全体にわたって認識することは、われわれが何ものにもまして神に負っている愛の根拠である　　　　　　　　　　　　　　　　　　（同書、56頁）

ということですから、

> ……神の意志によってわれわれに起こったいっさいのことにたいしても、ほんとうに満足しなければならない。（中略）考えられるかぎり神の意志を推し測りながら行動し、全体のための善、とりわけわれわれにふれるものや、われわれの身近にある、いわば手のとどく範囲のものの、価値をたかめ完成させるのに貢献するよう全力をあげて努力しなければならない。　　（同書、56-57頁）

　神の完全性については、ライプニッツはスピノザと見解を異にしています。スピノザは神が完全で自然が必然の産物である以上、人間が考えるような目的のために神がはたらくことはありえないとします。というのも未達成の目的を達成するということは神に何か欠けているところがあることになるからです（スピノザ『エチカ〈上〉』86-87頁）。これに対してライプニッツは「神の作品」である人間の努力を見れば、神が

優れていることがわかるという形で、人間の中に神の目的や叡智が実現されていることを見てとります。いわば、神と人間という二段構えで、ライプニッツはこの問題を乗り越えようとしています（前掲『モナドロジー　形而上学叙説』52頁）。この点では、先に見たスピノザが「永遠の相のもとに」神と自己と物を見るということとその構造は大きく違っていませんが、身近な手のとどく範囲で「価値をたかめ完成するのに貢献するよう全力をあげて努力しなければならない」と行動に力点をおいているところは特徴的かと思われます。

　ライプニッツの言うモナドとは、結局イデアが現実界で個別の事物に密着するように分かち持たれたものであるように読めます。もちろん、実際に人は「これがモナドだ」と言える個性的で唯一の、他から影響を受けない本質的実体というものを目にすることはできません。モナドは今ここにある世界とは同じところにありながら、別の平行世界、いわゆるパラレルワールドのようなものを連想させるところもあります。

### 🌱 理論的要請としてのモナド

　ライプニッツがモナドに辿り着く過程で「多」と「一」についての思考が展開される記述「実体の本性と実体間の交渉ならびに魂と身体のあいだにある結合についての新説」を次に示しておきます。

> **多なるものはその実在性を真の一性からしか得られない。真の一性は〔物質とは〕別のところに由来するが、それは数学的点とは**

> まったく別のものである。数学的点は延長するもの〔延長体〕の端にすぎず、様態にすぎないから、数学的点から連続体を合成できないことは確かである。それゆえ、そうした実在的一性を見いだすために、私はいわば実在的で生きた点、すなわち実体の原子に頼らざるをえなかった。そこには、完全な存在をつくるための何か形相的なもの、すなわち能動的なものが包蔵されているはずである。だから、今日あれほど不評を買っている実体的形相をよみがえらせ、いわば復権させる必要があった。
>
> （ライプニッツ『モナドロジー 他二篇』谷川多佳子・岡部英男訳、岩波文庫、95-96頁）

### ◆ 超訳

**本当の根源にある唯一のものと個々の多の関係を考えると、本質を備えた個々の原子というものを想定せざるをえなかった。**

「実体的形相」＝モナドは多を構成するための理論的な要請に基づいています。個々のものごとの本質的な「一」としての「個」は当然様々な事物が共存する「多」を想定していて、この世界は単純な要素が合法則的に結合し、調和した形で世界全体を構成します。すなわち世界はライプニッツの言う「予定調和」として成り立っています。これは安定した真理の光の下で個が個として成り立つという世界観ですが、その世界は合法則的で調和のとれたものなので、理論が現実と逐一対応する形で成立しています。現実に作図された正三角形と理想的に正確な正三角形のような関係です。

本来、神に支えられている「このもの」ですが、このとき結果的には「このもの」だけで成り立つ世界が形成されています。すなわち、これは神を賛美する過程を経て、ものがものだけで成り立つ客観的な世界を構成するに至った数学者の発想なのです（ライプニッツ『モナドロジー』谷川多佳子・岡部英男訳、岩波文庫、70頁）。

　この点が無宗教的なわれわれ日本人にとっては理解が難しいところですが、自然法則は神の御業であり、それを発見することは神の存在を確認することであるとともに、神を賛美することにほかならないという、中世の神学＝科学者の心性がライプニッツには色濃く残っているように見受けられます。

　書かれたものを素直に読むとそう読めますし、ライプニッツ自身実際そのように書こうとして書いています。しかし、時代はもはや中世ではなく、人びとが徐々に宗教から離れ始める17世紀を経て18世紀に入ってきています。**ライプニッツ個人の信仰にもかかわらず、世界は徐々に神から離れ始めてきていて、彼自身が書くものにも、本人の意図にもかかわらず、神様抜きで成立する世界が結果的に構築されてしまう**ことが見てとれます。

　ただ、ここでやはり気になるのは、ライプニッツと同じく真摯な信仰を持ち続けたスピノザとの関係です。

## ❊ スピノザとの邂逅

　ライプニッツが1676年にスピノザに会ったことは先にも述べたとおりですが、年表によると、パリからの帰途オランダのハーグに立ち寄ったライプニッツは、現地に2か月滞在し、しばしばスピノザを訪

問しては『エチカ』の草稿も見せてもらっているのですが、「のちにライプニッツはスピノザと会ったことを否定する」(河出書房新社版『世界の大思想9 スピノザ 倫理学(エティカ)他』高桑純夫他訳、スピノザ年表［井上庄七］456頁)とあります。

　生前から著作が発禁処分を受け、ユダヤ教会を破門になった危険人物と思われていたスピノザに会ったことはあまり世に知られたくなかったのかもしれませんが、このライプニッツの過去を塗り替えようとした態度はまり褒められたものではありません。

　実際、スピノザの『エチカ』を読んだ後にライプニッツの『モナドロジー』を読むと、ライプニッツは『エチカ』の草稿を丹念に読み込んだうえで、慎重にその影響を避け、スピノザと同じ理路を踏襲しないようにしたとも思えてきます。実際、この両者の思想のベクトルは一見対照的なのですが、心なしか、ライプニッツはあえてそれを際立たせようとしていたかのようにさえ見えてきます。

　スピノザは神の完全性から出発し、もっぱら世界の内在的要素から倫理的で幸福な生活を導き出そうとした結果、神の存在をいつのまにか無視はしないまでも、ユダヤ教の神であれ、キリスト教の三位一体の神であれ、どちらを立てても「善い生」を送ることができるような理論を——実人生でもそうした課題を自分のものとしていたように見える——構築したように思えます。

　こうしたスピノザに対して、ライプニッツもまた神への礼賛を惜しむところはありませんし、神の光に照らされた世界の合理性を見事にとらえています。ライプニッツが生前に発表することがなかった『形而上学序説』には「最高の自由とは、最高の理性に従って完全に行なうことなのである」(前掲邦訳、55頁)とあり、この点では世界を永遠の

相のもとに見るスピノザの思想と共通しているように見えます。

　**神が完全であり、その神と同じく完全に調和する複数のモナドからなる世界像は形而上学的には見事に世界を説明する**ものですが、現実の世界は、人びとが最高の理性に従って完全に行なう、あるいは全力をあげて努力することが求められています。そして、そうしたことが容易に行なえるわけではないのは言うまでもありません。現実は予定調和するどころの話ではなくて、しばしば理不尽さと残酷さに満ちていることがあります。現実の側から見られたとき、人びとがこの世には神も仏もないという心境に至ることは洋の東西を問わないでしょうけれど、**信仰を離れた人びとにとっても「もの」がそれ自身を根拠に「もの」であるという科学的世界観だけは疑われずに残ります**。科学的に正確というより、科学的正確さそのものを体現した哲学として、ライプニッツの哲学が後世においても評価されるのは当然といっていいことですが、科学の発展が人類に幸せばかりをもたらしてきたわけではないことを思うと、このライプニッツの正確な哲学には何かしら正しくないところがあるのではないかと疑うこともできます。

## 🌿 カンディード──楽観主義のアイロニー

　科学の法則と合理性をライプニッツが構想したとおりに推し進めていけば、結果的にスピノザにおいて神が無色透明な存在に近づいたのと似て、ライプニッツにおいては、神は結果的に不要のものとなるというか、神なしで済ませられる世界が到来しかねません。

　時代の流れとはいえ、科学と社会が信仰から次第に離れていく時勢では、本人の意識ではどれだけ信心深くいようとしても、時勢そのも

のを食い止めることはできません。まして、科学が神なしでも成り立つと思い始める近代という時代にあって、微積分はもとより様々な分野に才能を発揮し、科学的思考の推進者であったライプニッツは(デカルトもパスカルも個人的信仰にかかわらずそうでしたが)、周囲からは無神論者として糾弾される危険をも冒さなくてはなりませんでした。

　先に見たように、かの皮肉屋のヴォルテールは小説『カンディード』(1759年)を書いて、作中で明らかにライプニッツを意識した登場人物パングロスにその楽天的予定調和の世界を語らせています。パングロスのセリフの中に「そもそもライプニッツがまちがっているはずがありません。それに、かれの予定調和説は『微細な物質の充満』説と並んで、この世界で最高に美しいものですからね」(ヴォルテール『カンディード』光文社古典新訳文庫、214頁)とも語らせています。

　この小説の最終章では、数奇で過酷な運命に翻弄されてきた登場人物たちが小さな共同体を作り、それぞれが自分の仕事に従事するようになります。そして最後に主人公カンディードはパングロスの予定調和的最善説の口上に対して「お話はけっこうですが」とさえぎり、「とにかく、ぼくたち、自分の畑を耕さなきゃ」(同書、229頁)という台詞で作品を結んでいます。

　ヴォルテールはライプニッツの思想に代表される合理的で「正しい」理論の胡散臭さを批判するとともに、小説の最後をライプニッツのメッセージそのままに、人間が自分の領域で努力することを強調する結末にしています。この部分はライプニッツ思想の単純な揶揄ではなく、思想に対する正確な理解と批判を示したうえで、その結論について、つまり「自分の畑を耕すこと」についてはライプニッツとその

考えを共有しているようにも見えます。

　ところで、ライプニッツの一連の楽観的で調和のとれたテクストとは対象的に、著者のライプニッツ本人はあまり幸せとは言えない晩年だったようです。彼は教会へ礼拝に通うこともほとんどなく、臨終の際にも最後の聖餐を拒否し、独身で友もなく孤独のうちに亡くなり、当時の人びとはライプニッツを無信仰者とみなしたといいます（前掲『モナドロジー』42頁、下村寅太郎による解説参照）。さらに、これに加えて、微分法の優先権問題で、人を介してニュートンと和解しようとしてかなわなかったというもう一つの不幸せなエピソードも加わると、確かにあまり幸福な晩年とは言えなかったのかもしれません。

　一方、この点では対照的に、44歳の若さで病を得て亡くなったとはいえ、友人に恵まれていたスピノザの思想には逆に明るさを感じさせるところがあります。

　なお、ライプニッツの思想は18世紀も後半を過ぎて、後のカントやシェリング、そしてヘーゲルたちによってあらためて発掘、再評価されることになります。

＊

　ちなみに、かのヘーゲルは『大論理学』の中で微積分学を誰が先に発見したかといういわゆる優先権問題については、もっぱらライプニッツを擁護する側に回り、ニュートンの優先権を否定していますが、日本のライプニッツやヘーゲル研究者たちはこの点についてはどういう見解をお持ちなのでしょうか。ちなみに私はヘーゲルの『大論理学』のこの部分は飛ばして読まないようにしています。

　この点については、数学者の藤原正彦氏はニュートンに軍配を上げています。それはライプニッツが微積分学の基本定理を証明する2年

前に、ニュートンの成功を耳にしていたからという理由によります。解けるかどうかわからない難問に挑んだニュートンと、解ける見通しのついた難問に挑んだライプニッツとでは仕事の質が異なります。この問題は解けるという見通しを立てたニュートンこそが優先権を持つという藤原氏の考え方には専門家ならではの説得力があります（藤原正彦『心は孤独な数学者』新潮文庫、56頁）。そして、私も特にイギリスにもドイツにも義理はありませんが、ここでは藤原正彦説をとっておくことにします。

# 第11講
# ヒュームとカント
## 経験論の衝撃

ヒューム
［1711-1776］

イマヌエル・カント
［1724-1804］

### 独断論からの脱出

　ライプニッツのように近代科学に多大な貢献をした人が、哲学的には形而上学の伝統を受け継ぎ、物の本質としての実体や神の存在を取り扱っているのは、今日のわれわれには大きな矛盾に見えるかもしれません。しかし、神の御業を自然法則として発見し、検証することが中世の科学以来の主題でしたから、デカルトが登場したからといって、いきなり科学と信仰が矛盾する状態に陥ったというわけではありません。その点でもライプニッツの方法は、中世からの学問の流れを素直に受け継いでいると考えたほうがいいでしょう。

　18世紀半ばから19世紀初めにかけて活躍したエマニュエル・カン

ト（1724-1804）もまたこの哲学の伝統を受け継いで、ゆくゆくは形而上学を展開したいと考えていたようですが、あるとき、イギリス経験論を継承するヒューム（1711-1776）の『人間悟性に関する研究』(David Hume, Enquiry Concerning Human Understanding, 1748.) を読んで衝撃を受けることになります。

> デーヴィド・ヒュームの警告こそ十数年前に初めて私を独断論の微睡から目覚めさせ、思弁哲学の領域における私の研究に、それまでとはまったく異なる方向を与えてくれたところのものである。
>
> （カント『プロレゴメナ』篠田英雄訳、岩波文庫、19-20頁）

カントが驚かされたのは、ヒュームが原因と結果のつながり、つまり因果関係という概念をすべて否定したことでした。科学が対象とするべき事実の世界において、「何か或るものが存在するからといって、何か他の或るものまでが存在せねばならない」（同書、14頁）のは理性によって欺かれているにすぎず、想像の産物にすぎないというわけです。

ヒュームはこう断言します。

> すべての結果はその原因とは別個な出来事である。それゆえ、そうした結果が原因のなかに発見されることはありえないし、そうした結果をア・プリオリに最初に案出したり想念したりすることはまったくもって恣意的なものになるに違いない。そして結果が表示された後においてさえ、それと原因との連結は同じく恣意的に見えざるをえない。
>
> （ヒューム『人間知性研究』斎藤繁雄・一ノ瀬正樹訳、法政大学出版局、27頁）

この少し前の箇所には先に「ヒューム問題」として触れた次の箇所もありますので、ここで再び引用しておきます。

**太陽が明日は昇らないであろうということは、太陽が昇るであろうという断定に比べて理解し難い命題ではないし、またより多くの矛盾を含蓄しているわけでもない。**
(同書、同頁)

　先にも見たように、イギリスの思想家たちは伝統的にF・ベーコン（あるいはさらにさかのぼって中世のロジャー・ベーコン）あたりからすでに、理性というものが一見もっともらしく見えながら人を誤らせる性質に気がついていました。そのため、形而上学のような、たとえ神ではないにしても、絶対確実ないわゆる第一原理からすべてが論理的に導かれる演繹的体系に対しては、ほとんど反射的に疑いを持ってしまうようなところがあります。デカルトの議論もロックが最初から受け付けなかったのは先に見たとおりです。

### 🌱 経験を結びつけるもの——「観念連合」

　それにしても、原因と結果を結ぶものが必然的な関係にはないにもかかわらず、われわれがある事物の観念や印象から他の事物の観念や印象につなげる（たとえば、「太陽が明日も昇るだろう」）とき、それらの観念を連合する原理はあるはずです。ヒュームはそうした原理を「類似」「接近」「因果性」、さらには「恒常的連接」といった独特の概念を用いて展開しています（ヒューム『人性論（１）』大槻春彦訳、岩波文庫、1948年、154-155頁）。しかし、それも今までそうだったから次もそうなる

## II 哲学講義の実況中継

だろうと習慣的に認めているだけのことで、十分な原理とは呼べないものかもしれません。

ヒュームはこの観念連合の原理を諸観念の運動と生成として描写することで、人間の心や社会がどのような成り立ちをしているのかという問題の立て方を示してくれています。この問題意識は本質からのトップダウン的な原理ではなくて、**個別の経験がボトムアップ的に下から積み上がって人間の心や社会へと変成していくという視点**に基づいています。たとえば、ヒュームが信念の形成を説明するのに「勢い」や「活気」といった概念を導入したりする方法もまた、一種の複雑系の科学のようなとらえ方に通じるものがあります。

観念連合の原理を追求したヒュームの議論は、人間社会の習俗を観察するモラリストの系譜につながり、近代的な社会科学的視点の獲得にはおそらく今日でも有効だと思われます。しかし、その議論の出発点で事物の因果関係を徹底して破壊してしまったヒューム問題の影響は、批判の対象となった形而上学だけにとどまらず、当時の科学にも及んでいます。

カントはこの破壊力を同時代人としてまともに受けとめなければならなかったわけですから、先達のライプニッツのようにストレートに形而上学的存在論に進むというわけにはいきませんでした。ヒュームによって粉々にされたかに見えた原因と結果の必然的な結びつきについてですが、必然性が認められないのは事実の世界の話で、ヒューム自身も概念と概念との必然的な関係は、三平方の定理のように実在する何かに依存したりせずに成り立っていることを認めています。したがって、人間が五感による知覚（経験）の中で事実を事実として認めるところに問題があるわけです。したがって、人間が経験のなかに必

然性を持ち込もうとする時点ですでに問題が生じていることになります。

## 経験に先立ってあるもの——「先験的」

そこでカントは経験のはたらきと、経験に先立って存在している（ア・プリオリな）原理を分けて考えてみることから始めました。ア・プリオリという言葉は日本語では先験的あるいは先天的と訳されたりしていますが、基本的には経験に先立つ、経験に依存しないというほどの意味で、先に見た数学の三平方の定理などを思い浮かべてもらえばいいと思います。そして、用語としては見てのとおり、すでにこの章のヒュームの引用の中に登場しています。

実際にカントは必然性の原理が形而上学の鍵となるべき概念（ア・プリオリな総合的統一）であり、人間の経験ではなく理解力（悟性）に由来し、そこから概念を演繹していくという事情を明らかにします。この事情をもう少しくだいて言えば、神の存在を第一原因（第一原理）として、そこから宇宙や世界の事物を次々と説明していこうとするような、いわゆる〈原理→事実〉という形而上学的、体系的方法です。この論理を支えているのが、神（原因）と結果（事物・世界）との必然的な結びつきということになります。

カントの『純粋理性批判』は、この形而上学に対する批判をヒュームから受け継ぎながらも、経験に先立つ論理と演繹の方法を理性全体の中で位置づけ、あらためて以後の新たな形而上学の道の地ならしを意図するものです。

ヒュームが、因果関係の必然性を理性から導き出すことはできない

と述べたことに対するカントの答えは、〈必然性は理性から導き出せないのは確かだが、それは人間の理解力（悟性）のはたらきとしてとらえられる〉というものです。理性は経験を可能にする条件として、特にその純粋な形式、つまり時間や空間としてはたらいています。人間の経験は時間と空間の中で行なわれているからです。**カントはこうして理性のはたらきを経験以前の状態から見ていくことで、ヒュームの破壊力の及ばない場所を確保しようとします。**

　ただ、カントのこの方法が形而上学の露払いに成功した（本人比100％）としても、いったん形而上学がその対象として、物事の本質を含む存在としての「実体」を認識しようとしたとき、カント自身が丁寧に行なった議論を踏襲する限り、ほとんど無理ではないかということになってしまいます。

### 物の本質は認識できない──「物自体」

　カントの言葉では、伝統的形而上学における「実体」はいわゆる「物自体」(Ding an sich)という独特の用語で表現されていますが、その「物自体」は認識できないということになります。

> 我々は、場所において現在している物はなんであるか、或は場所の変化に関係なく物そのものにおいて作用しているものはなんであるかを、直観によって知ることはできない。まして単なる関係によっては、物自体は認識せられ得ない、外感が我々に与えるのは関係の表象だけであるから、外観の表象に含まれ得るものもま

た主観と対象との関係だけであって、対象自体に付属するものでないことは、容易に判断し得るところである。

（カント『純粋理性批判〈上〉』篠田英雄訳、岩波文庫、115頁）

◆ 超訳

**物の本質が何かということは感覚によっても理性によっても知ることはできない。**

対象となる事物がある空間に存在しているのはわかっているのに、その本質はわからないという結論は、理性の限界を示したという点ではそれこそむしろヒュームの議論を裏付けているようにも思えてきます。

さらにカントは、理性は何かを追求しようとすると2種類の互いに正反対の主張の議論を展開することができるということまで示して見せてくれます。『純粋理性批判』の中の「先験的弁証論・第二篇」の第2章「純粋理性のアンチノミー」（二律背反）以下がそれです。

カントはページの上下（原書ならもちろん左右）を区切って、正命題と反命題それぞれ論理的に成り立つことを証明します。たとえば、世界の時間空間は有限であるということと、時間空間は無限であるという相反する主張がどちらも成立することを実際示して見せてくれます。このときカントが、先に見たヒュームの「太陽が明日昇る」という命題と「太陽が明日昇らない」という命題が等価であると述べた問題を意識していることはまず間違いないでしょう。

それにしても、ここまで徹底的に展開されると、アリストテレスか

らライプニッツに至るまでの形而上学は例外なく壊滅的打撃を受けるのではないかと思われるほどです。本来形而上学を志向するカントは、実際、ここから新たな形而上学を構想しなければならないことになります。

ヒュームの議論を子細に検証したカントは、理性は事物を認識するための枠組みになることはできても、因果関係の必然性は思い込みにすぎず、その本質は認識できないという結論に達したわけです。しかし、事物の認識についてはそうだとしても、実践においてはそうではないというのがカントの見出した立場です。

### 理性は無理でも実践は可能

カントは、人が道徳的な振る舞いをするときには、それはやむにやまれず行なうもので、そこには必然性が見てとれます。仮に道徳的な振る舞いがなされない場合でも、そのときなされなかった振る舞いについて、人は内心忸怩たるものを感じないわけにはいきません。カントはこれもまた純粋理性の所産であると述べています。『純粋理性批判』の後半部でカントはこうした道徳的法則の必然性についてしばしば言及しています。

> ところが道徳的信となると、事情はまったく異なってくる。この場合には、何か或るものが生起せねばならないということ、つまり私があらゆる点で道徳的法則に従わねばならぬということは、絶対に必然的だからである。この目的［道徳的法則に服従すると

いう］は絶対に確立されている。そして私の知る限りでは、この目的は唯一の条件のもとでのみ他の一切の目的と関連し、これによって実践的妥当性をもつのである、即ちそれは、神と来世とが存在するという条件である。また道徳的法則に従って目的のかかる統一に至る条件としては、何びとといえどもこれ以外の条件を知らないということは、私の確知するところである。しかし道徳的指定は同時に私の格率でもあるから（格率がかかるものでなければならぬことこそ、理性の命じるところなのである）、私は神の存在と来世とを信ぜざるを得ないのである。

（前掲『純粋理性批判〈下〉』118頁）

### ◆ 超訳

**神の命令である道徳を実践するとき、人は神とつながることができる。**

カントの『純粋理性批判』のこの部分を詳細に展開したのが、『実践理性批判』です。カントの本が分厚くてとっつきにくいと感じる向きには、この本から先にお読みになるといいでしょう。

## わが心のうちの道徳律

すなわち、カントによれば道徳法則は神の命令なのです。この必然性を確信しているからこそ、理性が本質を認識できなくても少しもあわてる必要はないのです。道徳的法則に基づく必然性が、たとえささ

## II 哲学講義の実況中継

やかな善行において、ほんのわずかでも確認されたなら、その時点で神と直接につながることになりえます。善行の瞬間に神とつながるのはキリスト教に限るものではありませんが、この引用のとおり、カントはここで神と来世の存在を確信しています。

> ここに二つの物がある、それは――我々がその物を思念すること長くかつしばしばなるにつれて、常にいや増す新たな感嘆と畏敬の念をもって我々の心を余すところなく充足する、すなわち私の上なる星をちりばめた空と私のうちなる道徳的法則である。私は、この二物を暗黒のなかに閉されたものとして、あるいは超越的なもののうちに隠されたものとして、私の視界のそとに求め、もしくはただ単に推測することを要しない。
>
> （カント『実践理性批判』波多野精一・宮本和吉・篠田英雄訳、岩波文庫、317頁）

### ◆ 超訳

**神の法則と道徳法則の一致を私は実感し、確信することができる。**

昔から「満天の星空とわが心の内なる道徳律」として知られた箇所です。星空は神の本質の比喩です。そして道徳律すなわち道徳は実践して初めて意味を持ちますが、その達成の暁には神の法則が自分に流れ込んでいることが体感できるというわけです。

キリスト教からむしろ離れていこうとする時代の趨勢にもかかわらず、カントの信仰には熱烈なものがあります。しかし、その信仰の篤さにもかかわらず、ヒューム以上に学問的方法で信仰と理性の関係にメスを入れてしまうところは、これまた実に近代人的でもあります。

本人の意図とは別に哲学自体が走り出してしまう傾向はすでにデカルトにも見られましたが、この傾向は後のヘーゲルにおいてさらに加速していくことになります。

第11講 ヒュームとカント

## II 哲学講義の実況中継

# ヘーゲル
## 世界は理性でできている

ヘーゲル
［1770-1831］

### 🌿 理性は客観的実在

　ヘーゲル（1770-1831）が哲学を志した頃にはすでにカントの『純粋理性批判』（1781年初版、1787年第2版）、『実践理性批判』（1788年）、『判断力批判』（1790年）は公刊されており、当然ながらヘーゲルもまた同時代の哲学徒と同じく、古代ギリシア以来の先哲の業績に加えて、カントの哲学も徹底的に読み込んで強い影響を受けていました。ヘーゲルの諸著作の中でもカントに言及する箇所は数えたことはありませんが、相当の数に上ります。

　カントが理性というものの力をできる限り厳密にとらえようとしたことはすでに見たとおりですが、その結果、カントが〈理性によって

物自体を認識することはできない〉としたことは、ヘーゲルにとってはどうしても納得がいかなかったようです。

> **カントの言う思惟の客観性は、結局また主観的なものにすぎない。というのは、カントによれば、思想は普遍的かつ必然的な規定ではあるけれども、やはりわれわれの思想にすぎず、物自体とは越えることのできない深淵によって区別されているからである。思想の真の客観性とは、思想が単にわれわれの思想であるだけでなく、同時に物および対象的なもの一般の自体であることを意味する。**
>
> （ヘーゲル『小論理学〈上〉』松村一人訳、岩波文庫、169頁）

◆ 超訳

**カントは考えることに客観性があるというが、その客観性は結局主観性と変わらない。カントの言うように物ごとを杓子定規にとらえても、結局はその人の思い過ごしにとどまり、客観的とされる物の本質には永遠に到達できない。むしろこのとき客観性を語るなら、実は私たちが考えるというそのことこそが物それ自体であり、その本質なのである。**

つまり、この引用の核心は、〈考えることこそがこの世界を造っている〉ということなのです。

だからこそ、ヘーゲルにとってカントが追求したような客観性というのはどう転んでも主観のはたらきの規則的な一面にすぎず、そんなことをして客観的に物をとらえようとしても、それもやはり主観にす

ぎないし、物事の本質から遠ざかってしまうということになるようです。そして、そんなことはヘーゲルの到達した「思想は物自体だ」という本人比100％のストレートな真理からすると、もはや問題ではなくなってしまいます。

## 究極の理念

　カント以来の哲学の流れは一般にドイツ観念論と呼ばれ、ヘーゲルはその完成者とされるのが普通ですが、これは結論から言えば、観念（思想）と物が同じという立場になります。

　カントが理性を制限しすぎたのとはうって変わって、ヘーゲルは理性にすべてを読み込もうとします。理性は人の頭の中の思考様式にとどまらず、世界の生成と発展、つまり歴史の法則であり、かつ世界の実在そのものでもあるという、これまた大風呂敷にもほどがあると言いたくなるような稀有壮大な議論を展開します。

> **理性**――という表現をここでは神と関係づけることなくつかっておきますが、その理性が、実体であり、無限の力であり、みずから自然的生命および精神的生命をなりたたせる無限の素材であり、この内容を活性化させる無限の形式でもあることが、哲学的認識をつうじて証明されるのです。
> 
> （ヘーゲル『歴史哲学講義〈上〉』長谷川宏訳、岩波文庫、24頁）

### ◆ 超訳

**理性はもう本質そのものであり、力であり、何にでもなりうる素材であり、無限の形式である。つまり理性は存在のすべてであることが、哲学的に考えることではっきりする。**

「神と関係づけることなく」と言いながら、実はそう言っているのも同然の文章ですが、古代ギリシア以来の「実体」はここで理性としてとらえられ、それはもう世界そのものになっているわけです。しかし他方で理性は論理でもなければなりません。ヘーゲルはこの問題を論理学の諸著作（『大論理学』『小論理学』その他諸講義録）において「概念論」として展開しています。

> 自由な本当の思想はそれ自身のうちで具体的である。かくしてそれは理念であり、その完全な普遍性においては、理念そのものあるいは絶対者である。絶対者の学は必然的に体系でなければならない。というのは、真なるものは具体的なものであって、それは、自己のうちで自己を展開しながらも、自己を統一へと集中し自己を統一のうちに保持するもの、一口に言えば統体（Totalität）としてのみ存在するからであり、また自己の諸区別を区別し規定することによってのみ、諸区別を必然的なものとし、かつ全体を自由なものとなしうるからである。
>
> （前掲『小論理学〈上〉』84頁）

> **◆ 超訳**
>
> 思想は物の本質そのものなのだから、思想でありながら具体的である。この思想の究極の形は理念であり、それは言ってしまえば神のことである。神＝絶対者は具体的なものを体系的かつ法則に沿ってまとめ上げ、自分自身を全能者として示している。

つまり、究極の理念は神ということになります。

ここでヘーゲルのいう「具体的」なものというのは一般に観念的で抽象的なものの対極にあるとされるはずですが、それが理念であり、絶対的存在だとヘーゲルは言います。それは自己を展開しながら統一するという、相反する運動の中にあり、区別したり規定したりしながらも全体を自由なものとすることができるという、これもまた矛盾したはたらきをしています。

## 弁証法論理と時間

このように抽象と具体、展開と統一、規定と自由といった、相反するものがぶつかりあいながら新たな理念＝絶対的存在が生まれてくるというのがいわゆる弁証法論理です。カントにおいては理性ではなく実践を通じて真理へと至る細い小道が開けてはいましたが、ヘーゲルは本来理性の正当な使用法であったはずの論理というものの持つ力を、古代ギリシアに由来する弁証法の助けを借りながら徹底的に利用しています。

弁証法とは「正」に対して「反」が登場し、その対立が「合」のレ

ベルへと止揚（教養のあるところを見せたい人が口にするドイツ語の「アウフヘーベン」Aufheben）すなわち総合され、その「合」に対してまた「反」が登場し、これまた新たな「合」のレベルへと昇華していくといった具合に次々と展開していく論理です。

　ただし、この弁証法論理では「正」に対する「反」のところに何を置くかは論理的には決まっていません。「正」に対して「正でないもの」は無数にあります。「人」に対立する「人でないもの」は動物なのか植物なのか、あるいはある種の人の資格を欠いた悪人なのか、いずれも判然としません。この「人」の否定概念のところに何を代入するかは論理を操る人の考え次第です。したがって、論者がここにいわば気紛れに、あるいは無理矢理に思いついたものを置いたりすると、当然ながら結論もまた奇妙なものになりうるわけです。

　ただしその一方で、弁証法論理には形式論理にない強みがあります。それはアリストテレス以来の形式論理とは異なり、〈**時間の経過を論理の中に組み入れることができる**〉という利点です。

　伝統的形式論理において「リンゴは赤い」と言われるとき、そのリンゴは論理の中では永遠に、腐ることなくいつまでも赤いままです。これに対して、弁証法的論理に登場するリンゴは時間とともに存在しています。そのリンゴは時間の経過ともに腐ったのち土に帰るかもしれませんが、そのリンゴの中の種子が発芽し、やがて木になって生い茂り、新たな実をつけるようなリンゴです。人が家族となり、社会となり、国家を形成していくということを弁証法的に説明することで、本来静的な形式論理に代わって動的な弁証法的論理が歴史と物語をその中に含むことができるようになります。A＝Aは時間と物語を獲得することで、A＝XつまりAはいつの間にかAではない何ものかになっ

てしまいます。**形式論理的には不都合があっても、時間と物語が共有されることにより、弁証法としては説得力を持つ論理となりうるのです。**

### 🌿 理念へと成長する概念

したがって、ヘーゲルにおいては論理の出発点である「概念」からしてすでに次のような定義になります。

> 概念(Begriff)は向時的に存在する実体的な力として、自由なものである。そして概念はまた体系的な全体(Totalität)であって、概念のうちではその諸モメントの各々は、概念がそうであるような全体をなしており、概念との不可分の統一として定立されている。したがって概念は、自己同一のうちにありながら、即自かつ対自的に規定されているものである。
> 　　　　　　　　　　　　　　　　（前掲『小論理学〈下〉』121頁）

◆ 超訳

**概念はそれ自身が力を秘めた自立的な存在である。**

ヘーゲルは一つの文の中で弁証法的正反合を実践しようとするため、論理の流れに合わないものがいきなり入ってきては、次の文に飛躍するという恐ろしい文章になっています。この文でも、概念が実体的なことはまあ以前の流れからもいいとして、それが独自なものとして成り立っているかどうかなどということは誰も聞いていないのです

が、それを一方的に断定されると戸惑います。おまけにその自立の根拠は書かれていません。むしろ宣言です。それで概念それぞれにきっかけ（モメント）があるらしいのですが、それが「全体」をなしていて、概念との分かち難い統一なのだと言われると、疑問は雪だるま式に膨らみます。そうして、「したがって」と言われた日にはもう何に従ってなのかわかりませんが、どうやらそれ自身が他の何に依存することもなくある種の規則に則って自立したものらしい、ということがわかります、というより、とりあえずそう書かれています。

　もうこの「即自かつ対自的に規定されている」などというのは実にヘーゲル弁証法独特の表現ですが、自己の中に矛盾や対立を抱えたまま、この概念というものが実在性を獲得すると「理念」へと昇格していきます。わかったようなわからないような話だと思う向きも少なくないでしょうが、その話の矛盾や対立をそのまま弁証法的に総合すると、事物と思想とが一体となった〈絶対理念〉の世界へと誘われることになります。もちろんそんなところには誘われても行かなくて結構です。というのは冗談にしても、この弁証法論理には一つの大きな利点があります。

　「もの」が「もの」であるところの「このもの」は、アリストテレスからトマス、ドゥンス・スコトゥスを経由して、ライプニッツで定式化された「実体形相」や「個別的実体」あるいは「モナド」といった概念によって成り立っているのですが、このよって立つ概念が完全性を備えているのに対して、今ここにある現実のこれは決して完全ではありません。この間の関係を、たとえばライプニッツは、「この実体は創造者の全能を模倣して、自己の力を他のすべての実体におよぼしている」と表現しています（前掲「形而上学叙説」68頁）。

第12講　ヘーゲル

II 哲学講義の実況中継

要するに人には自分の畑を耕す努力が求められていて、その努力の結果、今ここにある「これ」は個別的実体に近づきます。そして、このことを論理の上で可能にするのがヘーゲルにおける弁証法論理なのです。弁証法は人間がものにはたらきかける努力の時間を含む論理なのです。

### 理念から絶対理念へ

さて、そうしたことを踏まえたうえで「理念」の説明を続けてみましょう。

「理念」はどうやらヘーゲルによれば概念の上位に位置するもので、概念というだけですでに体系的な全体性を具えているところに、客観性および実在性が加わると、「理念」ということになるようです。

> 理念は即自かつ対自的な真理であり、概念と客観性との絶対的な統一である。
> （前掲『小論理学〈下〉』208頁）

> 理念は概念と実在性との統一である。それは自分と自分の実在性そのものとを規定するところの概念である。云いかえると理念は、あるべきようにあるところの現実性であり、従って自分の概念そのものを含んでいるところの現実性である。
> （ヘーゲル『哲学入門』武市健人訳、岩波文庫、206頁）

ヘーゲルが「云いかえると」というと、新たな言葉を重ねてかえって

わかりにくくなるのですが、もう一つ理念について述べたところをもう少し引用しておきます。

> **理念(die Idee)とは客観的に真なるもの(das objektiv Wahlheit)である。** （同書、243頁）

> **理念は十全な概念(der adäquate Begriff)である。そこでは客観性と主観性は同じである。云いかえると、定在は概念そのものに一致する。理念は自分の真の生命を自分の中にもっている。理念は一方では生命(Leben)であり、一方では認識(Erkennen)であり、一方では学(Wissenschaft)である。** （同書、290頁）

さて、こうして並べてみると、ヘーゲルの言う「理念」とはアリストテレス以来の哲学の中で「実体」として追求されてきた本質的存在とほぼ同じものを意味しているようです。もっとも、実体については、ヘーゲルは『大論理学』の中で、「実体は絶対者であり、即自且向自的にある現実的なものである」（『改訳 大論理学 下巻』竹内健人訳、岩波書店、1961年、7頁）と述べています。そこでは受動的実体と能動的実体の交互作用により実体が完成し、より高次の「概念」であり「主観」になること、さらにその推移は必然性を含んでいることがさらりと述べてあります（同書、9-19頁）。

　ヘーゲルはスピノザとカントの問題をすべて概念論に集約しながら、さらに「概念がそれだけではまだ完全ではなく、理念にまで高まらねばならない」（同書、19頁）と言います。

## II 哲学講義の実況中継

> 理念が概念と実在性との統一であることになるとき、はじめて有な真理の意味を獲得する。即ち有は、いまや全く理念そのものにほかならない。
> （同書、260頁）

そうしてもはや理念は存在そのものとなっていきます。この理念はさらに生命でもあり、真の理念、善の理念、最後に自己同一的で実在性を持つ純粋な「絶対的理念」というところまで話は進んでいきます。しかし、巡り巡ると結局これは議論の出発点だった「実体」（特にスピノザのそれ）なのでは、と思えなくもないのですが、このあたりに来ると表現も一段と華々しくなります。すなわち理念とは、

> それは理性であり、（これが理性の本当の哲学的意味である）、さらに主観即客観であり、観念的なものと実在的なもの、有限なものと無限なもの、魂と肉体との統一であり、その現実性をそれ自身において持っている可能性であり、その本性が現存するものとしてのみ理解されうるものである、等々。なぜなら、理念のうちには悟性のすべてが、無限の自己復帰と自己同一においてではあるが、含まれているからである。
> （ヘーゲル『小論理学〈下〉』212頁）

### ◆ 超訳

理念こそは最高の概念であり実在である。

となり、ここまで来たら何も怖いものがないという境地です。

『大論理学』の最終章「絶対理念」に至るあたりはもう議論が最高潮に盛り上がっています。戦前の東京大学の哲学科は皆ヘーゲル一辺倒だったと、当時そこで学んだ恩師の一人、立石龍彦先生がおっしゃっていましたが、このあたりのヘーゲルの議論には確かに人を酔わせるものがあります。

## 理性的なものは現実的であり、現実的なものは理性的である

　ヘーゲルの論理学をこうして一通り読んでくると、あの『法哲学綱要』の中の有名な言葉、

**理性的なものは現実であり、現実的なものは理性的である。**

（ヘーゲル『法哲学講義』長谷川宏訳、作品社、617頁）

についても、その弁証法的対句表現の意図するところが多少なりとも明らかになってくるでしょう。すなわち、ヘーゲルにとって理性こそ実体なのです。

　ヘーゲルの言う理性は、直近の哲学者カントのそれとは相当に異なる性質のものですが、プラトン以来の西洋形而上学の流れが行き着くところまで行った感があります。「われわれはどこから来たのか、われわれは何者か、われわれはどこへ行くのか」という、冒頭に触れたゴーギャンの作品題名の提起する問題に人間の側から可能な限りの力を使って取り組んだ答えの一つは、理性を中心にすえたヘーゲル哲学であったとは言えると思います。

## II 哲学講義の実況中継

　ヘーゲルは、ヒュームとカントによって突きつけられた理性の限界を、ほかならぬ論理の力を使って再度正面突破を試み、それに成功したかに見えました。ここでの理性はもはや神の能力に等しい力を備え、自立した存在です。理性を巡って展開されてきた近代哲学は、理性が存在の根拠であり、法則であり、生命そのものであるようなヘーゲル哲学において頂点に達したと、少なくとも当時は思われていたようです。

　今日ヘーゲルを読んでみてもあらためて教えられるところが多いのは、理性と事物が分かちがたく結びついている事情を人間の主観の側からとらえて見せてくれているところにあります。

　科学的思考の中で事物を客観的に把握することに終始してきた人間の理性は、事物とその世界を理性によって受動的／客観的に認識するというだけでなく、実は**人間の認識の側から世界を創造できる力**をも有しています。

　結局のところ、人を人たらしめ、社会を社会たらしめているもの、また歴史を歴史たらしめているものは言葉です。法も政治も社会制度もそうですし、言葉には理性以外のものも含まれますから、宗教の祈りの言葉もことほぎの言葉も感謝の言葉も、また、呪いの言葉もわれわれの世界を形作ってきましたし、今も形作っています。そして、これからもまた人は言葉によって新たな世界を形作ることができるのです。

　言葉が世界を構成していることにはもっと注意が払われるべきですし、実際、物理学でいう「人間原理」は宇宙を認識する人間の側から宇宙を説明します。人間に認識できない限り宇宙は存在しえなかったというのは、もちろん同語反復には違いないのですが、人間の側から

でないと説明がつかない現象があるのも確かです。この点では哲学者で人間原理に最も近い立場にいたのは、今まで見てきた中ではおそらくヘーゲルが一番ではないかと思われます。

ヘーゲルの言う理性は、聖書的にはおそらく、ヨハネ福音書冒頭の「はじめにことばあり、ことばは神とともにあり、言葉は神なりき」(ヨハネ1・1)の「ことば」に近いものですが、本来キリスト教がそうであったように、これは人間の創造性の解放を促しています。ヘーゲルの哲学は**人間の側から言葉によって世界をより良きものにしていこう**とする希望と創造の哲学として読むことができます。

## 敬虔さにもかかわらず

もっとも、この理性中心主義が成功しているように見えるのは、理性を背後から支えている信仰の力よるところが大きいでしょう。カントもそうでしたが、ヘーゲル本人も熱心なキリスト教徒であるだけに、理性を中心に哲学を立てようとするときでも、本人も当然すぎて気がつかないくらいに神の力を自らの後ろ盾にしています。

デカルト以来、近代哲学は無神論者として世間から非難され、抹殺されかねない状況であったこともありますが、その中でも神の存在を否定しようなどとは思いもしない敬虔な哲学者たちによって(もっとも、ヒュームについては例外かもしれませんが)問題が継承されてきました。

そして、カントの議論を経由したヘーゲルが理性をほとんど神の力のごときものとして自立させたことで、哲学は近代合理主義の一つの頂点を極めることになりましたが、その理性中心主義を作った本人た

ちが熱烈なクリスチャンであったという事情は押さえておく必要があります。

体系的で合理主義的思考の背後に神への信仰があるというのは実際には科学についても同じですが、時代が変わり、社会全体が次第に信仰から離れていくにつれて、合理主義は大きな曲がり角にさしかかることになります。**神様なしで成り立つと思われた近代合理主義と理性への信頼は、皮肉なことに神の存在が信じられなくなっていく社会において、次第に崩れ始めます。**

ヘーゲルの哲学体系において一体として説明することのできた理性と世界も、19世紀末から20世紀に入ると、その結びつきを失い、因果関係の必然性すらその根底から疑わしいものとなってしまいます。「明日太陽は昇らない」かもしれないというあのヒューム問題は、やはりここに至っても十分に解決できてはいませんでした。

しかし、このヘーゲルの思想を批判しようとすると、近代合理主義とその背後のキリスト教、あるいは西洋形而上学の伝統のいずれか、あるいはそのすべてを敵に回すことになります。ニーチェやキルケゴール、そしてマルクスに共通するのは「不安」です。そして、その「不安」がいわゆる現代哲学・現代思想の基調となります。かつて「正」「反」「合」と大学の教室で学生たちに唱和させていたと言われるヘーゲルの思想の楽観性は、ヘーゲルより後の思想家たちには見られなくなります。

ニーチェもキルケゴールもマルクスも、思想内容はそれぞれに異なりますが、それは本来のつながりを失った世界を何とかして救済しようという、旧約聖書の預言者のような姿勢については共通しています。

# ニーチェ
## 現代思想の原型

ニーチェ
[1844-1900]

### ヘーゲル以降

　ヘーゲル以降の哲学・思想は、先の講の最後に出てきたキルケゴール（1813 − 1855）やニーチェ（1844 − 1900）、マルクス（1818 − 1883）といったヘーゲル哲学（およびそれまでの西洋形而上学）への反発という形で進んでいきます。これにダーウィンの進化論、そして少し後のフロイト（1856 − 1939）の心理学の影響が加われば、いわゆる現代思想の源流はほぼ出揃います。

　ヘーゲル哲学は先に見たように、理性にすべての形而上学的要素を託し、理性をかなり独特な形で世界の中心に置くことになりました。そのためヘーゲル哲学は、たとえばキルケゴールのような人には根底

で神を冒瀆する反キリスト教的思想体系に見えたでしょうし、ニーチェのような人からは、西洋哲学の伝統の上に構築されたキリスト教的形而上学の権化のように見られたりしています。また、マルクスからはヘーゲルの弁証法論理はいいとしても、その論理体系の根本が非科学的な観念から成り立っているとして、そもそもの前提から間違っていると見られたことでしょう。

　デカルト以来の近代合理主義は近代科学技術を生み出し、特にヘーゲル哲学の影響というわけでなく科学技術を勝手に発展させ、産業革命を起こし、世界を大きく変えてきました。しかし、後世の思想家が近代合理主義を批判するときには、近代形而上学の完成者としてのヘーゲルもあわせて目の敵にされたりします。

　理性中心主義が見落としてきたもので、20世紀に入った頃に問題になってきたものとして、言語、身体、無意識などを挙げることができます。20世紀後半の構造主義〜ポストモダニズムが生まれてくる条件が揃ってきます。

　多数の犠牲者を出すに至った二つの世界大戦や自然環境破壊は、人類が理性によって制御できない残虐さや愚かさを全開にしたようにしか見えません。ニーチェのいわゆるニヒリズムも19世紀当時よりも20世紀以降のほうが多くの人びとの共感を得やすくなっているように思われます。実際、フランスのポストモダニズムの思想家たちはとりわけニーチェの思想と相性がいいようです。

### 神は死んだ

　というわけで、本章ではニーチェが実際に何を言っていたのかを見

ていくことにしましょう。

　ニーチェは「神は死んだ」という言葉で知られていますが、これは『ツァラトゥストラ』に登場する表現です。

>　聞け、わたしはあなたがたに超人を教える。
>
>　超人は大地の意義である。あなたがたは意志のことばとしてこう言うべきである。超人が大地の意義であれと。
>
>　兄弟たちよ、わたしはあなたがたに切願する、大地に忠実なれと。あなたがたは天上の希望を説く人々を信じてはならない。かれらこそ毒の調合者である、かれらがそれを知っていてもいなくても。
>
>　彼らこそ生命の侮蔑者、死滅しつつあり、みずから死毒を受けている者である。大地はこのような者に倦んだ。滅びゆくかれらを滅びるにまかしておくがいい。
>
>　かつては、神を冒瀆することが最大の冒瀆だった。しかし、神は死んだ。そして神とともにそれら冒瀆者たちも死んだのだ。こんにちでは大地を冒瀆することが、最もはなはだしい冒瀆である。そして探究しえないものの臓腑を、大地の意義を崇める以上に崇めることが。
>
>　かつては、魂が肉体をさげすみの目で見た。そして当時はこのさげすみが最高の思想であった。魂は肉体が痩せ、おとろえ、飢餓の状態にあることを望んだ。こうして魂は肉体と大地の支配からのがれうると信じたのだ。
>
>（ニーチェ『ツァラトゥストラ』手塚富雄訳、中公文庫、17頁）

> **◆ 超訳**
>
> 神は死んだ。これからは天上ではなく大地の、魂ではなく肉体の思想こそが蘇る。

## 🌱 大地と肉体

　ニーチェがいわゆる〈天にましますわれらの神〉の対極に置くのが、この大地の超人です。超人もまた当然のことながら人を超える存在です（ニーチェ本の英語版を見てみるとSupermanとあるので、アメリカンヒーローのイメージが湧いてしまいます）が、これはキリストに代わる来たるべき理想的人間像にほかなりません。魂が肉体をさげすみの目で見るというのはおそらく「霊肉二元論」を説いた使徒パウロのことでしょう。

　ニーチェは古代ギリシア以来の二元論的思想と、それによって補強された聖書的世界観を本来の人間性を抑圧する制度としてとらえています。そして、それを指摘してはことごとく覆そうとしています。ニーチェに敵と認定されるのは、天であり、プラトンであり、イエス・キリストであり、近いところではカントです。

　そして何を理想としているかというと大地に生きる、抑圧されない純粋で喜びに満ちた肉体です。

> **私の兄弟たちよ、むしろ健康な肉体の声を聞け。これは、より誠実な、より純潔な声だ。健康な肉体、完全な、ゆがまぬ肉体は、**

より誠実に、より純潔に語る。そしてそれは大地の意義について
　　語るのだ。
（同書、49頁）

　この無垢な生命礼賛だけでやっていけるのかと心配になるくらいですが、これは神なき世界で確固たる価値観を失った人びとにとってはこれ以上ない福音となります。これがいわゆるニーチェのニヒリズム、すなわち虚無主義と呼ばれる思想です。ただ、聖書的世界観を否定しようとするあまり、聖書の文体が乗り移っています。

　具体的には、ニーチェ本人の文章が旧約聖書におけるイザヤやエレミヤのような預言者の語り口に近づいています。また、物語の構成についても17世紀ピューリタン文学のバニヤン『天路歴程』を彷彿とさせるものがあります。要するに『ツァラトゥストラ』は文学でもあるのです。実際、ニーチェの文章はドイツ語ネイティブまたはネイティブ並みに読める人に言わせると、詩的でリズミカルな美しい文章なのだそうです（私は美しさを判別できるようなドイツ語の読解力はないので、ここでは受け売りの情報をお伝えしておきます）。その意味ではニーチェの文章は預言の書だけでなく「詩篇」にも近いのかもしれません。

　いずれにしてもニーチェの文章は今もって世界中の読者を魅了してやみません。伝統的な西洋的価値観とその表現の到達点の一つである西洋形而上学を重荷としか感じない人にとっては、過去の遺産を威勢よく一刀両断にしてくれたうえに、結局のところ屈託なく明るく生きよと言ってくれます。人生に迷える若者にとってはニーチェの諸著作は道しるべとなっても不思議ではありません。

第13講　ニーチェ

## II 哲学講義の実況中継

### 🌱 名づけの力と制度批判

　ここではニーチェが西洋形而上学の二元論的伝統とキリスト教的世界観を否定するその独特の論理に注目しておきます。それは人が何らかの価値の高いものに名前を与えることによって、それ以外の価値の高くないものを含めた世界全体をその本能的な性質も含めて支配するというメカニズムです。これをニーチェは「高貴さと距離のパトス」と呼んでいます。

> この高貴さと距離のパトスは、すでに指摘したように、低い類型、「下位の者たち」にたいして、支配する高位の類型の者たちが感じる持続的で支配的な感情、全体的で根本的な感情なのだ——それこそが「良い」と「悪い」という対立の起源である（名前を与えるという主人の権利はきわめて広い範囲に及ぶものであるから、言葉の起源そのものも、支配する者の力の表現とみなすことができるのである。支配する者は、「これはこういう名前のものである」と語る。そしてあらゆる事物と出来事を、それに命名した語によって封印するのであり、同時にそれを所有するのである）。
>
> （ニーチェ『道徳の系譜学』中山元訳、光文社古典新訳文庫、36頁）

◆ 超訳

**名前をつけることは支配することである。**

　何かを命名するとは何かを概念化するということでもあるので、こ

のこと自体は概念が現実を生み出すというヘーゲルの考えと近いものですが、ニーチェはこの概念化する理性のはたらきの中に暴力＝権力を見出しています。ヘーゲルの弁証法では概念が理念へと成長していく中で、世界は明るい方向に進展していきますが、ニーチェは理性が支配する社会の暗く打ちひしがれた状態を予想しています。**ニーチェにとって理性とは、「何かを命名し、概念化することが、抑圧的な善悪二元論を生み出し、人を排除しつつ支配する仕組みとなっていく」ことであると強く意識しています。**ニーチェには弁証法の裏の顔というか、その悪魔的側面が見えていたように思われます。

> 貴族的な価値判断が没落したときになって、初めて「利己的」と「利己的でない」という対立が、人間の良心にますます重くのし掛かってくるようになったのである。――わたしの表現で語れば、このような対立を表現するようになったのは（すなわち言葉として語られるようになったのは）、家畜の群れの本能のためなのだ。そしてその後長い年月を経て、この群れの本能が主人になり道徳的な価値の評価がこの対立のもとで行われるようになり、ここから離れられなくなったのである。
> 
> （同書、37頁）

◆ 超訳

**一方を称揚しながら他方を貶めることが習い性になると、それは呪いと化す。**

弁証法に限った話ではありませんが、**二元論的な思考は何かを持ち上げる一方でその対極に敵を作り出します**。この思考法はわかりやすいうえに強い説得力を持つため、権力と親和性が高く、何より人間の暴力性を解放する作用があります。簡単に言えば、テロリズムを誘発します。もちろん、ニーチェを読む人は多くの場合、支配される側に立ち、敵の権力支配に対抗しようとします。権力と闘う知識人というポーズは、自らの権力意識と暴力性を正当化できるため、抗しがたい魅力があるようです。しかし、そういうヒーローたちは伝統的二元論の罠にかかって自ら考える姿勢を放棄してしまっています。

## ニーチェがアイドル

　私が哲学や思想の本を読み始めた頃は、フーコー、デリダ、ドゥルーズなどが流行していて、私も思想書の読み始めはこうした面々にはお世話になりましたが、彼らはニーチェのこの理屈の枠組みを共通理解として西洋形而上学批判とか制度批判にいそしんでいました。今日の抑圧的制度に絡め取られ、市場社会で消費されてしまわないような戦略の一つとして、彼らはいたずらに難解な文体でなければ、曖昧で軽快な文体を駆使して読者を煙に巻いていましたが、問題設定自体はまるごとニーチェの借り物でした。なお、このあたりは、ニーチェの問題を学問的に追求したドイツのアドルノやホルクハイマーの生真面目さとは好対照をなしています。

　このときニーチェとは違って、彼らがわざと難解な文章を書くことについては後でも触れますが、それはフランスの読者がそういうものを求めるからで、別に日本の読者がフランスの俗物主義に付き合うこ

とはなかったのです。もっとも、私がそのことに気がついたのはフランス語まで勉強してある程度読めるようになってからのことでした。しかし今でも当時を思い返すと、ちょっとした徒労感が蘇ってきます。

当時東京大学の学生だった知人のS君は学部生ながら古今東西の哲学書を原書で読み込んでいる博覧強記の読書家でしたが、早くからこのことに気がついていて、哲学で面白いのはニーチェだけで、フランスのポストモダンの人たちが言っていることもニーチェでなければインド哲学ですでに言われているようなことばかりだよと言っていました。今はもう彼とは連絡は途絶えてしまったのですが、どうしているのでしょう。少なくとも、フランス哲学の専門家にはならなかったようです。いずれにしても、当時から私は教師や友人には恵まれていて、哲学・思想書の読み方について色々と教えてくれる人がいたのは幸いでした。

### 文芸的哲学

それにしても、何か気合に満ちた難解な言い回しで深い思想があるぞという思わせぶりな書き方はやめてほしいものです。しかし、言語には単なる論理だけでない文学的、音楽的要素がありますから、その点で読者を魅了する著作家がいるのもまた確かです。20世紀の思想家はポストモダンの思想家に限らず、詩人や作家として文体でも勝負するような人も少なくないため、一流とそうでない人との見分けがつきにくくなってきます。

思想家が一流かどうかを見分ける作業は、お気に入りの音楽家を探すそれに近いところがあります。音楽家といっても作曲家と演奏家、

また歌手で、音楽へのアプローチは異なりますし、シンガーソングライターのような存在もあるので、聴衆としては自分自身の音楽に対する感動ポイントをしっかり持っている必要があります。要するにそこでは良い音楽かどうかだけが判断基準になります。

そして実際、20世紀以降の文筆家的性質を兼ね備えた哲学者の書いた作品には、内容はさておき、読者をその語り口の魅力で虜にするものが少なくありません。音楽で言えば、様々なジャンルの様々な音楽家がそれぞれに魅力をたたえているように、哲学もまずは文芸作品として読者を獲得するものがたくさん出てきます。ニーチェはこの点で文芸としての哲学・思想書のあり方に大きな影響を与えています。

哲学は必ずしもアリストテレスやスコラ哲学の伝統的なスタイルを踏襲する必要はありませんし、ものごとの本質を考えるということさえなされていれば、どのような形式で語っても一向に構いません。私も哲学書を読み始めた頃は、哲学史の年代順にプラトンから代表的な古典的著作を読み進むだけではなく、20世紀の様々な思想家の著作も手当たり次第に読んでいました。

そうすると実は現代哲学・思想の本だけではなく、現代の小説や文芸評論の中にも深い考察がなされた本が山ほどあることがわかりますし、実際、少なくとも読み物としての面白さという点については古典を凌駕しているように思われるものもしばしばあります。もちろんそうした著作家たちも古典的哲学・思想の影響を受けて自身の考察を展開しているのですが、現代思想との最初の出会いはその後の古典の読み方や哲学史の見方にも大きな影響を及ぼします。

本書の冒頭でも述べましたが、私自身がその著作に感銘を受けた現代の思想家や作家をなるべく時系列で思いつく限り挙げてみると、

O.S.ウォーコップ、深瀬基寛、福田恆存、D.H.ロレンス、坂田徳男、F.シェーファー、ベルジャーエフ、ドストエフスキー、ピカート、オルテガ、G.K.チェスタトン、C.S.ルイス、内村鑑三、T.E.ヒューム、ベルクソン、アラン、シモーヌ・ヴェイユなどです。古典的な哲学的名著についても、この著作家たちの読み方に影響を受けては幾度となく原典に立ち戻り、西洋哲学についての自分なりの見方を固めてきました。

しかし、私の挙げたこのリストの中にニーチェの名は入っていません。むしろニーチェが敵対している側のキリスト教思想家が少なからず含まれています。若い頃の私には、ニーチェが敵とみなしている側の思想をまずは知る必要があると考えていたこともあって、ニーチェの言うことには話半分で耳を傾けながら、ニーチェ以前の先哲の思想の理解に努めていました。そして、こうして哲学史を一周してようやく、ニーチェの思想の意義はわかるようになりました。しかし『道徳の系譜』や『善悪の彼岸』などの威勢のよい言い回しに熱を上げる時機を逸してしまったので、私にとってニーチェはついに愛読書になることはありませんでした。

もちろんこれは私の感覚が周囲と少しずれていたことによるもので、ニーチェの思想が後世の哲学者・思想家たちにも多大な影響を及ぼしていることは先にも述べたとおりです。世の多くの人びとは、ニーチェの西洋形而上学およびキリスト教思想批判を基準に置いて思考しているように見えます。

## II 哲学講義の実況中継

# ハイデガー
## 神なき存在論

ハイデガー
[1889-1976]

### 現存在

　というわけで、人びとが今ここにある不安や苦しみに対して、哲学が何らかの光を与えてくれる一種の高尚な文芸作品として受け入れられるようになる傾向は、前章で見たニーチェ以降に顕著になります。ここで取り上げるマルティン・ハイデガー（1889-1976）の哲学にもニーチェの思想が大きな影響を与えています。

　ハイデガーと言えば、20世紀を代表する哲学者としてしばしば最初に名前が挙がります。ハイデガーは著書『存在と時間』において、「存在」とは何かという問題について、アリストテレス以来の伝統的な西洋形而上学の議論にも触れながら、綿密な理論的考察を展開していき

ます。そこに深遠な思想が含まれていると予感させるに十分な神秘性を持ち合わせてもいるため、当時の多くの若者を惹きつけてやまない魅力にあふれていたことは否定できないようです。

その『存在と時間』から一節を取り上げてみましょう。

> なにかの方を見やり、なにかを理解し概念的に表明し、なにかをえらび、それに近づくということは、問うということを構成するはたらきであるから、それら自体、ある特定の存在者——すなわち、問う者としてわれわれひとりびとりがみずからそれであるところの存在者——の存在様態である。してみれば、ここで要求されたような仕方で存在問題を開発するためには、ある存在者——問うている存在者——をそれの存在において透明にしなくてはならないわけである。それゆえ、この問いを問うということは、このはたらきが、ある存在者の存在の様態なのであるから、それ自体、この問いにおいて問いがむけられている当のもの——すなわち存在——の側から本質的に規定されているわけである。われわれ自身が各自それであり、そして問うということを自己の存在の可能性のひとつとしてそなえているこの存在者を、われわれは術語的に、現存在 (Dasein) という名称で表わすことにする。存在の意味をたずねるあからさまな透明な問題設定は、こうして、ある存在者(すなわち現存在)をそれの存在についてまず適切に解明しておくことを要求するわけである

(ハイデガー『存在と時間〈上〉』細谷貞夫訳、ちくま学芸文庫、38-39頁)

第14講 ハイデガー

> ◆ 超訳
>
> **私が何かを問うときに、「私がある」ということは前提となっていて、その時点で問うということは常に「私」というものから制約を受けている。そこで、「私」という主語ではなく、「ある」という述語に注目して、それを「現存在」として考えることにしたい。**

「存在」とは何かを問うのはこれまで見てきたように、古代ギリシアの哲人たちから綿々と受け継がれてきた形而上学の根本問題で、アリストテレス以来、実体という概念を用いて考察されてきました。ハイデガーもまたあらためてこの問題に正面から取り組むのですが、先哲と同じ用語を用いても同じ論理をただただなぞることになってしまいかねないため、独特の概念をこしらえることになります。それがここで定義されている「現存在」です。

## 述語としての「ある」

　本質を含む存在＝実体と決めてしまえばある意味簡単なのですが、その実体を根本から考えようとするとき、何かが「ある」というその「何か」について、

① 「何か」がその問いの主語として問われる場合と、
② 「ある」ということはどういうことなのかを問う場合、
③ さらにこの①と②について「ある」と述べているその「ある」という述語としての言葉自体をそれぞれについて問題にしていく場合に分けられます。

ハイデガーはこの③をとりあえず「そこにあること」というドイツ語の動詞を名詞化させたDaseinを用いて考えていこうとしています。これが「現存在」ですが、日本語では「ある」でいいでしょう。

　われわれが思考のツールとしても使用している言語のあり方を含めて根本からものごとを考えようとするときにも、何かとりあえず「ある」ということは残っているように見えます。17世紀にデカルトが「私は考える。だから私はある」という命題から、「私」と「考える」ことを取り去ってしまうと、何かが「ある」という述語だけが残ります。この「ある」をハイデガーは現存在と呼ぶのですが、

> 現存在がその日常性においておこなう配視的な開離が、「真実の世界」の——すなわち、現存在が実在するものとしていつもすでにそのもとにいる存在者の——自体存在を発見するのである。
>
> （同書〈上〉、237頁）

#### ◆超訳

**「ある」ということから、「ある」が「私」とともに成り立っている真実の世界があることがわかる。**

　「現存在」「配視的」「開離」といきなり耳慣れない言葉が並びますが、ハイデガーはドイツ語の自在に造語できる性質を駆使した論理を展開するため、それが本人の意図したとおりの効果を上げているかは別にして、そのドイツ語をさらに日本語に翻訳しようとすると、漢語の並ぶ経文のような表現になってしまいます。つまり、これは私が何もの

かが「ある」ということを「ある」という言葉を使って対象として認めようとするときの事情をドイツ語あるいはギリシア語由来の語源を駆使して説明しようとし、それをさらに漢語を駆使して翻訳した結果です。

そうして苦心して辿り着いた「現存在」は「私自身ではないかもしれない」という展開を見せます。

> 私が現存在なのであるという言明……この言明の存在的な実質が、はたして日常的現存在の現象的実体を適切に反映しているかどうかということさえ、実は疑わしいのである。もしかすると、日常的現存在の「主体」は、かえって私自身ではないかも知れないのである。
>
> （同書〈上〉、253頁）

この「私が現存在なのである」というのは、普通に「私がある」ととらえられがちだけれども、実は疑わしいとハイデガーは言います。どういうことかというと、そもそも「現存在」は「ある」ということで、「私」は「存在者」でしたから、両者は同じではありません。「ある」は「ある」、「私」は「私」として、それぞれで成り立っています。「私は現存在である」といったとしても存在者と現存在がそれぞれに独立して成り立っているだけのことで、両者のつながりは確かではありません。というわけで、

> 証示さるべきことは、ひとえに、存在者そのものが発見されてあること、その被発見態のありさまにおける存在者そのもの……す

なわち存在者そのものが、自同的なものとしておのれを示すということにおいてである。検証とは、存在者が自同性においておのれを示すということである。

（同書〈上〉、453頁）

存在者を「私」に置き換えると、

> ◆ 超訳
>
> **証明されなければならないのは「私が私である」ことである。**

ということになります。

「存在者が自同性においておのれを示す」というのは、結果的には同一律「AはAである」と同じことと考えていいでしょう。同一律はヘーゲルより前の伝統的形式的論理の構成要素の一つです。これがないと形式論理は成り立ちえません（なお、弁証法論理はヘーゲルの章で述べたように、その前提自体が動いてしまいます）。しかし、現代的な問題を色々と背負ったうえで、「ある」が客観的に存在することを言おうとすると回りまわってこのような表現になります。

## 現代人の不安

この「AはAである」のAに「私」を代入すると、結局私は何なのか、どういう存在なのかという問題になります。この問題自体は哲学の始まりからある基本的なものです。昔から問い続けられていて簡単に答えの出ない問題をあらためて継承し、問い続けているというハイデガーの哲学的姿勢は実は、伝統的で古典的な哲学のそれです。ただ、

## II 哲学講義の実況中継

**この独特の造語と文体の中に現代人の「不安」とでも言うべきものが、通奏低音のように流れている**ところが、ハイデガーの文章の魅力の要素となっています。時代はもはやヘーゲルのように神様に守られた実感が共有される時代ではありません。むしろ、反ヘーゲルの流れから出てくるキルケゴールやニーチェあるいは同時代のドストエフスキーの思想と共鳴する、神に見放された人間の不安や憂慮が影響を持つ時代です。

　先の引用にあるように、現存在は私自身ではなく「ある」ということで、存在者である「私」は存在者である、つまり、私は私であるということが証明されなければならないのですから、「私」の存在は当然安定したものではなくなります。不安を覚える現存在が自分の置かれた状況についてあらためて覚える不安について、ハイデガーはこう述べています。

> 不安がそれに臨んで不安を覚えるところのものは、世界＝内＝存在そのものなのである。不安がそれに臨んで不安になるところのものは、恐れがそれに臨んで恐れを抱くところのものと、現象的にどのようなことになっているであろうか。不安が臨んでいるところのものは、いかなる内世界的存在者でもない。そのさいかような存在者には、本質上いかなる趣向もなくなるのは、このためである。不安に含まれる脅威は、おびやかされた者に、なにか特定の事実的存在可能に関して襲ってくるような、特定の有害性をもっていない。不安の「対象」は、まったく無規定である。それが無規定であるために、世界内部のどの存在者から危険が迫って

くるのかが事実上決定できないだけでなく、そもそもかような存在者は「問題にならなく」なっている。（同書〈上〉、392-393頁）

### ◆ 超訳

**この世に私があるということ自体が何にも規定されておらず、不安そのものである。**

　つまり、不安にさいなまれるはずの当の本人が、不安を感じる神経系統までやられてしまい、問題の深刻さに気がつかないくらい無感覚になっており、不安の原因も存在しないことになってしまっている。そして、それくらい人間が壊れた状態になっているというのが、この現代の状況であると考えているようです。ただ、この不安を単純に解消させようとするのではなく、また、情緒的に言葉を重ねるのでもなく、とりあえずその不安を認め、その上にとどまって考えようとするところが、著作家としてのハイデガーが人を魅了するところかもしれません。

　**不安を覚えることが、根源的にかつ端的に世界を世界として開示する。まず反省的考慮によって内世界的存在者を度外視し、そのあとに残された世界だけを考えてみると、それを前にして不安が発生するというような次第ではない。不安こそ、心境の様態として、はじめて世界としての世界を開示するものなのである。けれ**

## II 哲学講義の実況中継

> どもこのことは、不安のなかで世界の世界性が理解されるということではない。
>
> （同書〈上〉、395頁）

### ◆ 超訳

**不安を出発点にすることで世界の素朴な姿が現れる。世界の本質の理解はその先にある。**

　とりあえず人が「不安」の上にいることを人間存在の条件として認めたうえで、この先の著者ハイデガーの議論の展開と「世界の世界性」といった独特の言い回しに誘導するようなテキストになっています。これでは彼の文章の依存患者が出てきても不思議ではありません。いかにもこの先にすごいことが書いてあるような期待を持たせてくれるからです。

　しかし、この『存在と時間』は存在と時間というテーマの存在の部分だけは何とか形を成していますが、最終的に未完に終わっています。ここまで引っ張っておいて、ハイデガー本人が完成を放棄しています。しかし、そこまで読んでいくと、どうしてくれるんだと文句を言う人はそれほどいないようです。すでにハイデガーの文体依存患者になっていると、未完の書でも繰り返して読み込むことで新たな発見があるからかもしれません。

### 制作されてあるもの

　この続きついては、『存在と時間』刊行後間もなく開始された講義が元になっている『現象学の根本問題』（木田元監訳、平田裕之・迫田健一訳、作品社）において展開されます。同書は講義録ということもあって、『存在と時間』よりも読みやすい形になっていますので、興味のある人は繙いてみてください。ただ、ここではどういうわけか先哲から引き継いだ「不安」の要素が薄まっています。その代わりにというわけではありませんが、アリストテレスからトマスやドゥンス・スコトゥスの諸説の検討を経て、直接的にはカントの問題を受ける形で、**存在というものが「制作されてある」という本質を備えている**という重要な指摘をしています。

> **ある存在者の存在を真に覚知するには、この存在者の創造者であらねばならない、ということです。言い換えるならば、ある存在者の存在との初次的な関係は、なにかを制作するはたらきのうちにしかない、ということです。そして、このことのうちに含意されているのは、ある存在者が存在しているということは、〈制作されてある〉ということにほかならない、ということです。**
>
> （ハイデガー『現象学の根本問題』249頁）

　制作された存在というものには、制作以前に存在した制作者の意図があるはずで、また、制作された存在はこの世では有限でもあるわけですので、いつかは滅びる存在でもあります。制作という概念はハイデガーにとって長らくの懸案だった「時間」についての重要な手がか

第14講　ハイデガー

りが含まれている可能性があります。と、そこまでの期待を持たせてはくれるのですが、この講義録も結論に辿り着く前に中断しています。この先の展開は、同じ問題を共有する同時代の他の哲学者の意見にも耳を傾けてみたいと思います。

　最終講では、おそらくお互いに影響関係はなかったと思われますが、ハイデガーの同時代人だったウィトゲンシュタインとマイケル・ポランニーの思想を取り上げて、「制作」と多少なりとも重なっている人間の創造性の問題について見ていきたいと思います。

# 第15講 ウィトゲンシュタインとマイケル・ポランニー

## 語りえぬもの

ウィトゲンシュタイン
[1889-1951]

マイケル・ポランニー
[1891-1976]

### 🌿 『論理哲学論考』——ウィトゲンシュタイン

　ウィトゲンシュタイン(1889-1951)はハイデガーと同年に生まれています。この2人は同時代のヨーロッパの精神風土の中で知的自己形成を遂げてきたのですから、時代に共通する哲学的課題をそれぞれに引き受けてきたと、一応想像はできますが、ハイデガーとはまったく異なる独自の道を進んでいます。実際、お互いに著作が影響を与えあったような形跡はほとんどありません。

　さて、そのウィトゲンシュタインですが、生前に刊行された唯一の書『論理哲学論考』が多方面に影響を与えることになります。この『論理哲学論考』は論理命題を展開していくという独特のスタイルで書か

れています。具体的には次のような七つの根本命題がそれぞれの系として展開されます（引用は『論理哲学論考』、野矢茂樹訳、岩波文庫から抜粋）。

> 1　世界は成立していることがらの総体である。
> 2　成立していることがら、すなわち事実とは、諸事態の成立である。
> 3　事実の論理像が思考である。
> 4　思考とは有意味な命題である。
> 5　命題は要素命題の真理関数である。
> 　（要素命題は自分自身の真理関数である。）
> 6　真理関数の一般的な形式はこうである。〔$\bar{p}, \bar{\xi}, N(\bar{\xi})$〕である。
> 7　語りえぬものについては、沈黙せねばならない。

それで、たとえばこの1の「世界は成立していることがらの総体である」のあとに、

> 1・1　世界は事実の総体であり、ものの総体ではない。
> 1・11　世界は諸事実によって、そしてそれが事実のすべてであることによって、規定されている。
> 1・12　なぜなら、事実の総体は、何が成立しているのかを規定すると同時に、何が成立していないのかをも規定するからである。
> 1・13　論理空間の中にある諸事実、それが世界である。
> 1・2　世界は諸事実へと分解される。

> 1・21　他のすべてのことの成立・不成立を変えることなく、あることが成立していることも、成立していないことも、ありうる。
>
> （ウィトゲンシュタイン『論理哲学論考』野矢茂樹訳、岩波文庫、13頁）

という具合に命題から派生する系が書き込まれています。しかし、これを数字の順番どおりに読んでいこうとしても、使われている概念が定義されているようでいて決してそうではないので、一般的な意味での「世界」や「事実」や「もの」でいいのかどうなのか不安を覚えつつ読み進めると、1・11で、世界は「事実の総体」が「規定する」といきなり理由が示されます。

　この断章風の考察は、こちらからかなり気を利かせて著者の意図を汲み取っていかないといけない書き方になっています。一説には、もともとかなり細かい註が付されていたのを、著者本人が廃棄してしまったとも言われていますが、いずれにしても読者にとってはありがたくない話です。

　しかし1・13で、諸事実とは論理空間から成り立つ世界のことだとわかります。論理ということなら、論理自体にはそれが成り立つ場合も、成り立たない場合もあって、いずれにしても事実とその有無とも対応しているように見えます。そして、これ以降、事実と論理の対応について2以降で展開されますが、2・1から「われわれは事実の像を作る」と事実を描写する「像」の話になり、さらに3では「事実の論理像が思考である」と「論理像」と思考の話になります。最初は論理と事実の対応の話から始まったものが、さらには命題と可能性の話

になっていきます。

### 🌱 語りえぬもの

　こうして人間の論理や思考と事実との対応関係を追求していることを念頭に置きながら「なるほど、そんなものなのかもしれない」という程度で、あまり肩入れしないで、とりあえず最後まで読み進んでいくと、最後に「言い表しえぬもの」が登場します。

| | |
|---|---|
| 6・522 | だがもちろん言い表しえぬものは存在する。それは示される。それは神秘である。 |
| 6・53 | 語りえぬこと以外は何も語らぬこと。語りうること以外は何も語らぬこと。自然科学の命題以外は──それゆえ哲学とは関係のないこと以外は何も語らぬこと。そして誰か形而上学的なことを語ろうとするひとがいれば、そのたびに、あなたはその命題のこれこれの記号にいかなる意味も与えていないと指摘する。これが、本来の正しい哲学の方法にほかならない。この方法はそのひとを満足させないだろう。──彼は哲学を教えられている気がしないだろう。──しかし、これこそが、唯一厳格に正しい方法なのである。 |
| 6・54 | 私を理解する人は、私の命題を通り抜けその上に立ちそれを乗り越え、最後にそれがナンセンスであると気づく。そのようにして私の諸命題は解明を行なう。（いわば、梯子をのぼりきった者は梯子を投げ棄てねばならない。）　私の諸命題を葬りさること。そのとき世界を正しく見るだろう。 |

こうして最後の有名な命題に至るわけです。

**7　語りえぬものについては、沈黙せねばならない。**

(同書、126頁)

　全体として、論理と事実の対応を机上で追求するなら、完璧な一対一の対応関係があるような想定はできるかもしれません。しかし、とりわけ人間の側から言語が事実を構成するというはたらきに注目すると、構成しそこなったものや、それまでの経験から語れない名状しがたきもの、過去に例のない新奇なもの、あるいは間違った前提の命題で答が存在しないといった、様々な「語りえぬもの」に必ず遭遇してしまいます。

　もちろん、人間の言葉の力は論理だけでなく、広く様々な行為を含みます。後にウィトゲンシュタイン自身の影響もあって、J.L.オースティン（1911-1960）は言語行為という概念を提示しますが、そこでは、人が様々な文脈の中で非言語的要素をも含む言語行為の網の目の中で日常生活を送っていることに光が当てられます。ただ、ウィトゲンシュタイン本人は、この『論理哲学論考』の中ですでに単純な論理実証主義的な立場が成り立たないことについて、身をもって示しているところがあります。

## ✦ 言語と価値の創造性へ

　いずれにしても、様々な論理式を含む議論に付き合ってきた読者にとっては、最後の最後にどんでん返しのような「語りえぬもの」が登

## II 哲学講義の実況中継

場し、それまでの諸命題と議論は無用な梯子としてその「梯子をのぼりきった者は梯子を投げ棄てねばならない」と来るのですから、これはもう笑うしかありません。実際私も初めて読んだときは笑ってしまいました。もっとも、ここは本当のところ面白さを追求した記述ではなくて、おそらくウィトゲンシュタイン本人はいたって真面目に語っているのだと思われます。しかし、かなり真剣に面倒な議論を追いかけてきた読者にとっては、土俵際で肩透かしを食らったような気にさせられるのも確かです。

さて、世界を正しく見るために用いた梯子は投げ捨てなければならないとウィトゲンシュタインは言うのですが、別に投げ捨てなくてもいいのではないかと思いますし、その真理を見通すことができるような高いところから降りてくるときには必要にはならないのかという疑問も生まれてきます。何より、語りえぬものについて「沈黙せねばならない」のでしょうか。下手な命題を立てるのは無意味だということではあるのでしょうけれど、**語りえぬものを語りたがるのが哲学者なのではないか**とも言えるでしょう。

実際、先ほどウィトゲンシュタイン本人も言語行為論に影響を与えたと述べましたが、自身が生前に残した原稿の中で、言語の意味がなぜ生成するのかという問題意識のもとに「言語ゲーム」の概念を追求して、語り得ぬ問題をさらに一歩進めて考察していました。これは『哲学探究』や『確実性の問題』において展開されています。

論理と事実の対応関係は論理を追求することで、それなりの対応が見出せますが、言語は論理だけで成り立っていません。さらに、論理を成り立たせる背景や根拠が曖昧なままでは、全体が無意味になってしまいます（ちなみに伝統的な哲学の問題意識もすべて問題の立て方

から無意味だったのではないかという伝統破壊的な問題意識も浮かび上がってきます)。

　というわけで、論理や命題以前にある言語の原初的な形に立ち返って、命令や記述、報告、推測、検証、表現……といった「言語ゲーム」の分析を行なうことになります(「哲学探究」『ウィトゲンシュタイン全集8』藤本隆志訳大修館書店、1976年、32頁)。われわれは日常生活の中で、常に言語を介在させた応答の仕方についてのルールを、その都度決めてはゲームを重ねているという視点です。この**言語ゲームの発想は、人びとの相互行為によりボトムアップ的に価値が創造されていく**という思想ですので、結果的にはヒュームなどのイギリス経験論の流れと親和性があります。いずれにしても、結局のところウィトゲンシュタイン本人も『論理哲学論考』以後、「語りえぬもの」については決して「沈黙」したわけではありませんでした。

## ✦ 言葉にできるより多くのこと——マイケル・ポランニー

　さて、このウィトゲンシュタインの『論理哲学論考』の命題7「語りえぬものについては、沈黙せねばならない」をおそらくは意識しながら「わたしたちは言葉にできるより多くのことを知ることができる」と述べたのが、ウィトゲンシュタインよりも2歳年下のマイケル・ポランニー（1891-1976）でした(『暗黙知の次元』高橋勇夫訳、ちくま学芸文庫、18頁)。なお、ウィトゲンシュタインはウィーン生まれですが、ポランニーは同じオーストリア＝ハンガリー二重君主国のハンガリーの首都ブダペストに生まれています。

　さて、この二つの命題ですが、両者とも「語りえないもの」につい

## II 哲学講義の実況中継

て述べています。ただし、ウィトゲンシュタインが「沈黙せねばならない」とするところを、ポランニーは決して沈黙することなく、これをいわゆる「暗黙知」として、科学的発明・発見や社会の宗教的な成り立ちのメカニズムにわたる広範囲な事柄について社会的に共有しようとしていました。

　自身も化学の第一線で世界的業績を残し、後に哲学者としても活躍したポランニーは、は著書『個人的知識』（1958年）において当時の支配的な科学的思潮について次のように述べています。

> 支配的な科学概念は主観性と客観性の切断に基づいていて、科学からそうした情熱的、個人的、人間的な理論の査定を除去し、あるいは少なくとも無視し得るような脇筋の役割に矮小化しようとしている――そして、どんな代価を払ってもそうしようとせざるを得ないのだ。それは、現代人が、知識の理想として、『客観的』な陳述の集合としての自然科学という概念を設定したからだ。
>
> （ポランニー『個人的知識―脱批判哲学をめざして』長尾史郎訳、ハーベスト社、15頁）

　いわゆる支配的な科学主義的思考とその潮流を客観的知識と理解したうえで、これらに対抗し、それまで主観的知識にすぎないとされてきたことがら、すなわち、信念、知的情熱、自己投出、使命感、社会の「懇親性 conviviality」といったいわば主観的な諸概念に新たな意味づけを行なっています。

### いわゆる暗黙知

ポランニーの概念で有名になった「暗黙知」はこの脈絡の中に位置づけられます。ポランニーは先に見たように「わたしたちは言葉にできるより多くのことを知ることができる」と言います。人は「語りえぬもの」を事実上知っていて、それをそれと知らずに行使しています。ポランニーは人の顔を知るということを例にとって、次のよう述べています。

> **ある人の顔を知っているとき、私たちはその顔を千人、いや百万人の中からでも見分けることができる。しかし、通常、私たちは、どのようにして自分が知っている顔を見分けるのか分からない。だからこうした認知の多くは言葉に置き換えられないのだ。**
>
> （ポランニー『暗黙知の次元』高橋勇夫訳、ちくま学芸文庫、18頁）

暗黙知は人間の知性のはたらきを、その潜在的な可能性を取り込んで総合的にとらえ直そうとする試みといえるでしょう。そこには、これまで科学哲学ではまともに取り上げられてこなかった先述の主観的要素だけでなく、その主観的要素がはたらく場所としての個人の身体性や無意識性も含まれています。ポランニーは、これまでの理性中心の科学万能主義に対して異を唱えるだけでなく、人間の潜在的な可能性を十分に活かすことができるような自由主義社会を構想しています。

**私たちの時代が直面する問題にとって啓示的と思われるのは、潜**

> 在的思考に没頭する人間の姿である。さまざまな思考の可能性に浸かることによって、私たちは、自己決定の絶対化を免れることができるし、私たちの職務＝天職を囲繞する断片的領域内で、私たち一人ひとりが創造的独自性を持つことができる。さらにまた、そうすることによって、私たちはそれぞれの「探求者の社会」の形而上学的根拠や組織原理も得られるだろう。
> (同書、150頁)

そうです。共同体の成員が皆探求者になるというのはありえないにしても、各人がそれぞれの持ち場で創造性を発揮できる社会というのは、自由で開かれた社会だろうと思われます。

> これまで私は、私たちの創造的企図は、私たち人間の起源たる生物進化に由来するものだと述べてきた。この宇宙的な意味の発生が進化を推進する力になるのだ。しかしその主たる産物は、つかの間の生存で満足できる植物や動物であった。人間は永遠に関わる目的を必要とする。真理は永遠に関わる。私たちの理想も永遠に関わる。ならばそれで十分なのかもしれない。もし、万が一、私たちが、自らの明白な道徳的欠点に満足し、そうした欠点のためにその運営に致命的な支障を持つ社会に満足できるとするならば。
> 　ひょっとしたらこの問題は、世俗的地平のみでは、解決不能なのかもしれない。しかし、宗教的情念が不条理な世界観の圧迫から解放されたなら、この問題の宗教的解決は今よりも現実味を帯

びてくるだろう。そして不条理な世界に代わって、宗教へと共鳴していく可能性を持つ有意味な世界が出現するだろう。

(同書、151頁)

### 🌱 階層を上昇する

**人間は創造的独自性を発揮することを通じて、より上位の実在を志向し、自ら進化し続ける**という形而上学的世界観が窺えます。そして、この進化の鍵というか梃子となるのが暗黙知なのです。それぞれの暗黙知の活動を通じて人がなぜ上位の実在を含めた全体を知ることができるかということについては、これに先立つ『個人的知識』ではこう書かれています。

> **われわれの〈個人〉性は、普遍的志向との同時的な接触によって保証され、後者はわれわれを超越的な遠近法の中に置くのである。**
>
> (前掲『個人的知識』307頁)

この引用に続き、これはキリスト教の「堕落と救済」という図式から借りた発想だと説明します。ここでの「普遍的志向との同時的な接触」は神の恩寵に重ね合わされています。さらに別の箇所から引用します。

> 聖書の宇宙論は、世界は存在し、人間はそこから創発したという事実の意義を——いかに不適切にではあれ——表現しているのに対して、科学の図式では世界の意味を全く否認し、それどころか、この世界に関するわれわれの最も死活の経験を無視しさえするからである。世界は何らかの意味を持ち、その意味は世界内で唯一、道徳的に責任ある存在としてのわれわれの天職に繋がっているという仮設は、宇宙のキリスト教的解釈が探求し展開する経験の超自然的側面の最重要な一例である。
>
> (同書、268頁)

　複数の翻訳書でもとられているポランニーのcallingの訳語「天職」は、私にはしっくりこないので、勝手に「使命」と読み替えるようにしていますし、ここでの「仮設」もassumptionの訳としては「設定」くらいでいいのではないかと思います。いずれにしても、ここで言いたいことは、《世界に生を受けた人間は無意味な存在ではない。人間には世界に対して道徳的責任をまっとうすべき使命が与えられている》ということでしょう。この記述にはポランニーのキリスト教思想家としての一面が現れています。これに続く次のくだりは仮定の話ではありますが、著者は本気です。

> 　われわれは連続的に段階を追って行けば、進化の科学的研究から出発して、神への手掛かりとしてのそれの解釈にまで到達できるのである。
> 　キリスト教は前進的な企てである。われわれの広大に開けた遠

近法をもってすれば、宗教的信念の通景も新たに切り拓かれるであろう。聖書、そして特に聖パウロの教義は、依然としてまだ垣間見られたことのない教訓に満ちているかもしれないのであって、現代的思考のより大なる精確さとより自覚的な柔軟さが――これは現代の新物理学と論理的-哲学的運動に示されている――やがて概念的改革を生み出して、現代の宗教外の経験に基づいて、人間の神への関係を改新し説明してくれるということも考えられるのである。宗教的大発見の一時代が眼前に拡がっているかもしれないのだ。

（同書、268頁）

## 聖書的世界観あるいは進化思想

　ここには、暗黙知を通じて普遍的志向と接触し、階層を上昇し神に至ろうとするという、見方によっては不敬とも言える宗教的思想と同時に、ハーバート・スペンサーの進化論思想を受けたベルクソンが展開した宗教進化論的世界観の影響を見てとることができます。実際ポランニーの評価として、彼をヘーゲル主義ととらえる研究者もあり、それも確かに一理あります。ヘーゲルも個人的には熱心なクリスチャンであったにもかかわらず、キルケゴールからすれば、神を冒涜する理論だと批判されていました。ポランニーも結果的にそうした部分はヘーゲルと共通しています。控えめに言っても形而上学的思想であることは否定できません。

　しかし、このようにポランニーがストレートにキリスト教信仰に触

れた箇所は、私自身学生時代は典型的な無宗教的日本人だったため、本書を初めて読んだときには、著者には申し訳ありませんが、その意味がわからないというより、その記述をなかったものとして意識の外に追いやっていました。その当時もポランニーはベルクソンと似ているよね、という声はあったので、頭の片隅には残っていたのですが。

　しかしその後、哲学とキリスト教の密接な関係について、これを無視している限り西洋思想はわかりっこないということを、特にハンガリー留学中に痛感し、聖書的世界観を一から学んできたことで、ようやくこういう記述が何を言っているのかということが多少わかってきました。

　ただ、ポランニー自身も若い頃はガリレイ・サークルの1908年結成当時からのメンバーで、その当時はサークルの共通了解事項が科学的実証主義で反宗教的傾向にあったため、後にこうしたことを書くようになるとは、本人も思いもよらなかったことでしょう。

　実際、ポランニーがブダペスト大学およびガリレイ・サークルに入った頃のハンガリーは、イギリスのハーバート・スペンサーの影響下に結成された社会科学協会を中心に若手の研究者たちが、様々な言論活動はもちろん、その中の一部は市民急進派の政治活動を始めていました。ガリレイ・サークルの結成もそうした動きに共鳴するものでした。

　こうした時代背景はポランニーの青年時代の知的自己形成に少なからぬ影響を与えていると思われます。なお、伝記資料によれば、ポランニー自身は1913年にドストエフスキーの『カラマーゾフの兄弟』を読んで以来、キリスト教に関心を持つようになり、1919年にカトリックの洗礼を受けています。

## ✈ 言語と事実の乖離とポストモダニズム

　さて、語りえぬものについて沈黙すべきだと言いながら、日常生活における価値創造について思いのほか饒舌な言語ゲーム論を構想したウィトゲンシュタインと、語りえない暗黙知を鍵概念として人間の創発を追求したポランニーは、それぞれの方向性は異なるものの、いずれも言語と事実が一対一対応しないところと人間の創造性を意識するところから出発しています。この言語と事実の乖離と言語を巡る議論への新たな注目は、20世紀後半以降、フランス現代思想においても中心的テーマとして浮上します。

　フランスのいわゆるポストモダンの思想家たちも出発点は言語と事実の乖離ですが、言語は事物との関係において、もはや固定的な意味を持ちえないという価値相対主義的前提がとられています。その発想のもとはニーチェのニヒリズムで、表面的にはマルクスやハイデガーあるいはフロイトの思想の影響を受けていますが、議論展開の仕方が素直ではありません。とりわけ、時流に乗ってスターになってしまう現代フランス思想界の面々のような場合は、メンタリティーが哲学者でも研究者でもなく、大衆受けを狙うアーティストのそれに近いところが出てきます。一読して意味は取れないけれど、権威や権力にとらわれない明るく自由な虚無主義の空気は感じてほしいという彼らのメッセージは楽しく軽薄な時代の空気には合っていました。

　実際、ポストモダン風の難解なスタイルで意図的に無内容に書かれた論文が学術ジャーナルに採用されたといういわゆる「ソーカル事件」のようなことも起きたりしたことで、彼らが知的に不誠実で本当に軽佻浮薄だったことがわかってきます。このあたりの経緯はアラン・

第15講　ウィトゲンシュタインとマイケル・ポランニー

ソーカル、ジャン・ブリクモン著『「知」の欺瞞——ポストモダン思想における科学の濫用』(岩波現代文庫、2012年)をご覧ください。「ラカン、クリステヴァ、ボードリヤール、ドゥルーズらの著作に見られる科学的な厳密さに対する気のない態度は、フランスでは1970年代に否定しようもない成功をみたし、その影響は今日でも十分に大きい」(同書306頁)。

実際、ポストモダンの思想家たちが自分でも意味のわかっていない用語を使って意味を取れなくするような風潮はありました。以前他でも書いたことですが、かつて、イギリスの哲学者ジョン・サールが友人のミシェル・フーコーに「君は話しているとわかりやすいのに、なぜそんなに曖昧に書くのか」と聞いてみたところ、フーコーは「フランスでは少なくとも10%は意味不明に書かなければ、単純で幼稚だとみなされてしまう。人びとはまじめに受け取ってくれないし、深さがないと思われる」と答えています。ついでに言えば、後にこの話を聞いた社会学者のピエール・ブルデューは「フーコーの話は絶対的に正しいけれど、10%どころではないよ。理解不能でなければ、フランスの人びとはまじめに取り合おうとしない」と述べています (Faigenbaum, Gustavo. (2003). *Conversations with John Searle*, LibrosEnRed, 162)。うーん、そんなものを読まされていたのか。

私が学生時代にフランス語を勉強しながら原書の読解に取り組んだポストモダンの思想家たちには、それなりに思い入れはあるのですが、こうして一通り哲学の流れを見てくると、哲学的な内容としてはまれに例外はあるものの、新しいものがほとんどなかったことに今さらながら気づかされる次第です。

いずれにしても、私にとって20世紀のフランス哲学はベルクソン

とアランとシモーヌ・ヴェイユがいれば十分です。もちろん、フランス以外にも色々と面白い哲学者はありますが、そういう人びとについてはまたあらためて論じたいと思います。

# 第15講 ウィトゲンシュタインとマイケル・ポランニー

# おわりに

　本書は大学での演習形式の授業をイメージしながら書きました。各章で哲学の名著の一節を取り上げるようにしたのも、哲学者たちが具体的に何をどう語っているのかということに少しでも触れてもらいたかったからです。原典の根拠を示さずに、哲学者の思想の百科事典的な要約を連ねるだけの本にはしたくなかったこともありますが、何よりも、先哲が考えてきた問題を読書という行為を通じて共有したいと思ってのことです。

　難解な文章を原語の一字一句にこだわりながら読み進めて行く演習形式の授業は、1時間に1ページも進まないこともあり、読書としてはかなり効率が悪く見えますが、対話的思考の訓練の場としては得難いものがあります。授業中には原文の解釈を巡ってしばしば様々な議論が交わされますが、これがまた、著書や論文には書かれていない師匠の本音が聞ける貴重な時間でもあります。

　私の2人の哲学の恩師は授業の中で、学生たちを同じ哲学の問題に

取り組む仲間として扱ってくれましたし、学生それぞれの問題・関心にも常に興味を持ってくれました。対話の姿勢は古代ギリシア以来の哲学の基本だということを、身を持って教えていただいたように思います。

本書が少なくとも皆さんが退屈することなく、欲を言えば、楽しめるような演習授業になっていれば幸いです。

＊

　何年かに一度拙著を刊行する際のあとがきで、恩師や先輩方に追悼の言葉を書く機会が増えてきたなと思っているうちに、いつの間にか自分もめでたく高齢者の仲間入りを果たしていました。これまでお世話になった先生方への学恩に報いるほどの仕事は今もってできていませんが、本書がささやかな恩返しになれば幸いです。

2025年1月

三苫　民雄

# 著者略歴

### 三苫民雄（みとまたみお）

1958年 福岡市生まれ
1982年 明治大学法学部法律学科卒業
1984年 明治大学大学院法学研究科博士前期課程修了
1987〜1990年 ハンガリー政府給費留学
1990年 エトヴェシュ・ロラーンド大学博士号（社会学）取得
1991年 明治大学大学院法学研究科博士後期課程満期退学
1991〜1993年 日本学術振興会特別研究員（PD）
明治大学二部法学部非常勤講師、名古屋法経情報専門学校堀田校教諭、
近畿大学通信教育部非常勤講師を経て、
現在、愛知産業大学短期大学通信教育部国際コミュニケーション学科教授

〈研究分野〉
法哲学、法思想史、社会学、社会心理学

〈著書〉
『人と人びと―規範の社会学』いしずえ 2003 年
『行政法―クロネコ企業物語』コンポーザーズアーカイブ 2005 年
『法と道徳―正義のありか』日本出版制作センター 2009 年
『人びとのかたち―比較文化論十二講』ふくろう出版 2011 年
『権力の社会学―力が生まれるとき』ふくろう出版 2012 年
『価値と真実―ハンガリー法思想史 1888 − 1979 年』信山社 2013 年
『間違いの効用―創造的な社会へ向けて』ふくろう出版 2015 年
『歴史の哲学、哲学の歴史』中部日本教育文化会 2017 年
*Law, Rights and Social Values in Japan and Hungary,* edited by Tamio MITOMA and Jenő SZMODIS CNKB, 2019
*Progress and Justice: Globality and Locality from the Aspect of the World and the Individium,* edited by Tamio MITOMA and Jenő SZMODIS, NARUMI Publishing Co., Ltd.2023

## 著者紹介

### 三苫 民雄（みとま・たみお）

▶1958年福岡市生まれ。明治大学大学院法学研究科博士後期課程満期退学。1991〜1993年日本学術振興会特別研究員（PD）。近畿大学通信教育部非常勤講師などを経て、現在、愛知産業大学短期大学通信教育部国際コミュニケーション学科教授。研究分野は、法哲学、法思想史、社会学、社会心理学。
著書に『価値と真実—ハンガリー法思想史 1888 − 1979年』（信山社、2013年）、『間違いの効用—創造的な社会へ向けて』（ふくろう出版、2015年）、『歴史の哲学、哲学の歴史』（中部日本教育文化会、2017年）がある。

- 装丁　　　　　　　都井美穂子
- 本文デザイン・DTP　猪端千尋（Isshiki）
- 校閲　　　　　　　蒼史社

---

## 哲学者の「考え方」のツボがわかる西洋哲学講義

2025年2月25日　　初版発行

| | |
|---|---|
| 著者 | 三苫 民雄 |
| 発行者 | 内田 真介 |
| 発行・発売 | ベレ出版<br>〒162-0832　東京都新宿区岩戸町12 レベッカビル<br>TEL.03-5225-4790　FAX.03-5225-4795<br>ホームページ　https://www.beret.co.jp/ |
| 印刷 | 三松堂株式会社 |
| 製本 | 根本製本株式会社 |

落丁本・乱丁本は小社編集部あてにお送りください。送料小社負担にてお取り替えします。
本書の無断複写は著作権法上での例外を除き禁じられています。購入者以外の第三者による本書のいかなる電子複製も一切認められておりません。

©Tamio mitoma 2025. Printed in Japan
ISBN 978-4-86064-785-8 C0010　　　　　　　　　　編集担当　森 岳人